銀行員はどう生きるか

浪川 攻

講談社現代新書

2474

はじめに

銀行っぽくない銀行

銀行店舗の特徴は一目瞭然である。誰でも一度ぐらいは銀行の店舗を訪れたことがあるだろうから、おわかりいただけると思うが、一言でいえば「没個性」だ。それはあたかも、「国が定めた規格に基づいているのか？」と思ってしまうほどに、どの店舗も内部は似通っている。

どこに行っても、広い店内スペースをほぼ二分するかのように、カウンターが一線で並んでいて、その手前には来店客が順番待ちをする顧客フロアがあり、決して座り心地がいいわけではないソファが置かれている。カウンターの後方は、銀行員たちが机を並べて事務処理するスペースだ。

顧客フロアに設置されたデスクの上には、預金の預け入れ・引き出し、振り込み等々、用件別の用紙が束で立てかけられていて、来店客は自分の用事に該当する用紙に口座番号、氏名、金額などを記入し、届け出印の欄に押印する。あとは、専用機が発行する受付順番が書かれている紙を受け取って、ソファに座り自分の順番を待ち続ける。

カウンターの上に掲げられた画面に自分の番号が表示されれば、その窓口に赴いて預金通帳や必要事項を記入した所定用紙を渡す。すると、また、違った数字が記されたカードを渡されて、ソファに戻って待たされる。その間、手持無沙汰なのでソファ近くに置かれた雑誌などをパラパラとめくるしかない。

カウンターで渡した通帳や所定用紙は、カウンターの後方で作業している大勢の行員たちのほうに回されて、事務処理されていく。ときに小声でヒソヒソと話し合ったりしているが、総じて笑顔は乏しい。もちろん、顧客フロアで順番待ちしている来店客も時間が経つにつれて退屈し、なかにはイライラしている人もいる。まあ、銀行の店舗内といえば、総じてこんな空間であり、風景である。役所や病院の受付コーナーと同じような世界だ。

ところが2017年秋以降、そんな素っ気ない銀行店舗を巡る話題が、金融業界の一部で盛り上がっていた。

「三井住友銀行のリニューアル店舗がおもしろい」

「まるで、銀行の店舗のようではない」

といった声が上がるほどの、リニューアルぶりなのだという。

百聞は一見にしかず。さっそく、話題にのぼっている店舗のひとつ、中野坂上支店を訪れることにした。

窓口がない

東京の基幹道路である山手通りと青梅街道は、中野区の一角で交わる。中野坂上の交差点である。その地名の通り、ここは小高い丘の頂点であり、新宿の高層ビル群が望める絶好のビューポイントだ。その交差点近く、青梅街道沿いに「いかにも銀行の店舗」という重々しい風情で建っているのが、3階建ての三井住友銀行中野坂上支店である。

いや、正確には「だった」である。もはや、この建物は過去の遺物になっている。というのも、同支店は2017年9月に新装移転したからだ。いま、私の目に映っている建物はすでに役割を終えた「旧支店」であり、そのうち、物理的にも姿を消すにちがいない。

それにしても、訪ね先である新たな中野坂上支店はどこにあるのか——。

交差点の一角で辺りを見回すと、青梅街道を挟んでちょうど旧店舗の反対側にある大きなビルの外壁に、「三井住友銀行」という看板があった。しかし、その近くに店舗らしきものは見当たらない。看板が据えられたビルの1階、地下1階のフロアには同銀行のATMが設けられているが、よもや、これが新支店というわけではないだろう。

そこでビルのフロア案内板をみると、11階に三井住友銀行の名が記されていた。

まさか——。率直にいって、これが第一印象だった。

というのも、銀行の場合、ビルの1階に店舗が入居しているのが一般的である。2階、3階というケースもあるが、それは1階が個人顧客の窓口フロアであり、2階は法人顧客のフロアなどとして使用されていることが多い。

もちろん、単独で2階以上に設けられた「空中店舗」と呼ばれるものも存在する。しかし、これは伝統的に法人取引の店舗である場合が多く、しかも、上層階といってもせいぜい4階、5階というケースがほとんどだろう。

ところが、三井住友銀行の中野坂上支店は、11階という上層階である。この一点だけをみても、従来型とは明らかに違っている。

「中野坂上支店はいままで、個人、法人のいずれの顧客にも対応する店舗だったが、新店は個人顧客専用店舗として生まれ変わった」

そんな情報に基づいて常識的に考えれば、店舗は1階か、あるいは上層階であってもせめて2階にあるはずだ――そう考えていただけに、これはかなり想定外の出来事だった。型破りといえば、型破りである。

もっとも、驚きという意味では、これは序の口にすぎなかった。11階でエレベーターを降りて店舗に入った瞬間、眼前に広がる中野坂上支店のフロアは、いままで見たことがないような光景だったからだ。もし、銀行であるとの認識を持たずに足を踏み入れたら、一瞬、いったい、いかなる職種のフロアなのか、わからないにちがいない。

そもそも、伝統的な「銀行らしさ」は皆無に近い。まず、女性行員たちが並んで顧客対応する窓口＝カウンターがないのだ。カウンターによってフロアは二分されておらず、カウンター後方に広がる事務フロアもない。つまり、目に入るすべてが顧客フロアなのである。

用紙もない

訪れた顧客は入口を入ってすぐの総合受付で用件を伝え、キャッシュカードを持参していれば、そこでカードを読み取り機に当てる。すると、担当者が用件別に案内してくれる。たとえば、用件が振り込みや届け出の変更などだったとすると、顧客フロアにあるデスクへと案内される。そこにいる行員に用件を具体的に伝えれば、パソコンのキーボードに打ち込んでいく。来店客が用紙に記入する必要はなく、氏名や金額等の表示内容に間違いがないか、確認するだけである。

あとは印鑑を所定の電子パネルに当てる。断っておくが、印鑑を朱肉に付けて用紙に押印する作業は一切なし。これで瞬く間に用件が済んでしまう。さらにいえば、届け出印鑑と同様、事前に自分のサインを登録しておけば、電子パネルに氏名をサインするだけでいい。印鑑を持参してくることすら不要となる。

要するに、徹底したペーパーレスなのだ。実際、中野坂上支店内には、定番ともいえる顧客が用件別に記入し、印鑑を押す用紙は見当たらない。

通常、個人にとって、口座番号や金額を右詰めで記入するケースはほとんどない。したがって、金額のゼロがひとつ多い、少ないといった失敗をしがちなものだ。ましてや、印鑑を押した後にミスを見つけて記入し直したり、ミスした箇所に二重線を引いて訂正印を押したりしなければならないなど、ちょっとした作業にもかかわらず、大きなストレスが生じる。

しかし、このリニューアル店舗では、そうしたストレスを強いられることがまったくない。待たされることもない。一瞬のうちに手続きは終わってしまうからだ。

簡単な用件ではない場合はどうか。たとえば、ちょっとした資金を運用したいのであれば、それを受付担当者に告げると、顧客ロビーのところどころに設置されたブースのような場所に案内されて、そこで担当者が相談に乗ってくれる。一緒にパソコンの画面に映し出された資産運用商品やそのシミュレーションなどを見ながら説明してくれて、購入商品が決まれば、そこでパソコン操作で手続きをしてくれる。やはり、ペーパーレスである。

さらに、相続など込み入った相談事であれば、扉の奥に設けられた別室に通されて、やはり、アドバイザーがパソコンを操作しながら、多様なアドバイスを行うようになっている。

支店長室もない

ロビーに立って、来店客に気を配っている女性が支店長だった。これも驚きである。支店長といえば、店舗の一番奥まったところで座っているか、来店客には見えない支店長室で執務しているか。ロビーに姿を現し自ら先頭に立って接客するなんて、ほとんどありえない。それが伝統的な支店長像である。

しかし、同支店では、支店長は外回りの仕事をしているとき以外、営業時間中はロビーで顧客対応しているという。まるで百貨店のフロアマネジャーのような感じなのだ。

そこで、支店長に尋ねてみた。「支店長室はどこにあるのですか」と。返ってきた答えはこういうものだった。

「支店長室はありません」

それでは、支店長はどこで事務作業を行うのか。「支店長のデスクを見てみたい」と申し出ると快く応じてくれ、顧客フロアにあるドアを開けて間仕切りの先へと案内された。そこは、同支店の行員たちのデスクが並ぶ部屋であり、そのひとつが支店長のデスクだった。

これは、銀行員であれば「いつかはなりたい」と願ってきた支店長像とはほど遠い。「自分が考えてきた支店長像とは随分と違ってしまったと思いませんか」と尋ねると、支店長はニコリと笑って「ちょっとね」と答えてくれた。

それにしても、執務室を眺めると並んだ机で作業しているのは店舗内や外回りで顧客対応している営業担当者ばかり。伝統的な銀行店舗には必ずいる事務行員たちの姿はない。いったい、何が起きているのか――。

滅びる銀行、脱落する銀行員とは

その答えは本論のなかにある。とにかく、銀行はいま、激変期という大きな節目を迎えている。三井住友銀行の中野坂上支店はそのフロントランナーのような存在である。「銀行で何が変わるというのか」と首を傾げる向きもあるだろう。確かに、銀行といえば四角四面の象徴、変化に乏しい日本企業のなかでも「変わらない企業の代表格」のように思われてきた。しかし、激変する経営環境が「変わらずにいること」を許さなくなった。経営環境の変化とは、人口減少、高齢化など、進展し続けている日本社会の構造変化であり、日銀によるマイナス金利政策に代表される極寒の収益環境の到来である。いわば、戦後長らく安住してきた前提条件が大きく崩れたのが、まさに「いま」なのである。

そこにデジタライゼーション（デジタル革命）というＩＴ技術の飛躍的な進化も加わ

った。従来、膨大な事務量を抱える労働集約型の産業としての性格が強かった銀行にもその波が押し寄せている。金融のイノベーション（技術革新）という潮流である。

これらのすべてが銀行に生産性の向上を迫っている。そのはてに、銀行はどのような姿に変わっていくのか。それはとりもなおさず、銀行を利用する私たちにも大きな影響を及ぼしかねないが、まずは、「銀行」という職場で働く銀行員たちに大きな変化を迫ることになる。つまり、銀行が変われば、銀行員も変わる。変われない銀行は滅び、変われない銀行員たちは脱落し職場を失いかねない。場合によっては、銀行業界全体が大リストラの渦に巻き込まれることもありえる。銀行も銀行員も「新たな環境への適者こそ生存する」という時代がやってくる。

新たな環境は海図のない航海のようなものである。だが、荒波を超えていくための指針が皆無というわけではない。その最も有力な指針は、顧客サービスの質的向上である。効率化と顧客サービスの圧倒的な改善という相反しがちなふたつの課題を一挙に乗り越えた銀行だけが、勝ち残っていく。この舵取りに成功した銀行員だけが生き残ることができ、ゴールを目指すことになる。

しかし、そのとき、銀行はいまのような姿とは似ても似つかないものになっているかもしれない。マイクロソフトの創業者ビル・ゲイツが「銀行機能は必要だが、いまのかたちの銀行は消えてなくなる」と唱えたのは1994年である。それから20年以上が経過した現在、予言は現実化しつつあるといえる。進化論的に生き残ったものは、新たな環境に適合するためにその姿をガラリと変えてきた。まさにいま、銀行はそのような時代に足を踏み入れつつあるのだ。

銀行はいまだに学生の就職志望ランキングの上位にある。「安定している」ことを理由に、志望する（入行した）人も多いだろう。しかし、銀行員に安定した人生を期待できる時代は終わった。本書ではその具体的な光景を、先行する欧米の銀行の事例を取り上げながら描いてみた。いま、金融業界では何が起きているのか。今後生き残るのはどのような銀行なのか。そして、銀行員はこれからどう生きていけばいいのか。そのヒントを提供できれば幸いである。

目次

第1章　メガバンク「大量人員削減」の衝撃

——瓦解した銀行神話

逃げ切り世代のはずが

1月下旬――例年であれば、年明けの高揚したムードがようやく静まり、多くの銀行員にとっては、3月期末に向けた計数目標の達成が強く意識され始めるタイミングである。

しかし、2018年の幕開けは違っていた。

東京都内にある、みずほ銀行の某支店に勤務するAさんは、怒りと動揺が入り交じったような気分で年末年始を過ごしていた。前年11月、みずほグループが突然、「1万9000人」の人員削減を発表したからだ。まったく寝耳に水の出来事だった。その対象となるのは、Aさんのような営業現場で働く行員層である。中堅行員のAさんも1万9000人のひとりとなる可能性がある。

銀行が「構造不況業種だ」といわれるようになって久しい。しかも、2016年2月に日銀が導入したマイナス金利政策により、商売は一段と儲からなくなった。おまけに、巨額の開発費用を投じた新基幹系システムの稼働に伴い、年間1000億円超の償却費が発生する。いよいよ利益は殺がれざるをえない。経費カット、人員抑制などネガティブな言葉が自然と湧いてくる。職場の仲間との仕事帰りの飲み会では、営業成績が芳しくない同僚に対して「おまえが肩たたきナンバーワン」などと会話していたし、「いやはや、銀行はもはや構造不況業種だから」などといい合っていた。

だが、それは半ば冗談にすぎなかった。将来への不安を漠然と感じることはあっても、「自分たちは大丈夫」と、逃げ切り世代であることを信じていた。

実際、支店長の報告によれば、半年ごとに本部で開かれる全国支店長会議の場でも、「トップたちは『営業行員こそ宝物である』と語っていた」はずだった。これはつい最近の出来事である。

いったい、あの話は何だったのか――。行員のなかには、早くも転職を具体的に考える者が現れ始めた。職場では「あいつも転職サイトに登録したのか」といった憶測まで飛び交い始めたという。表向きは平静を装っているものの、同僚たちが胸中穏やかではないことは、ちょっとした表情の変化からも見て取れる。おそらく、自分もそうなのだと考えながら、Aさんは顧客回りをしている。

お先真っ暗

２０１７年11月中旬、日本を代表する３つの超大手金融グループが、全国の銀行員を震撼させる内容の発表に動いた。三菱ＵＦＪフィナンシャル・グループ、三井住友フィナンシャルグループ、そして、みずほフィナンシャルグループの、俗にいう〝3メガバンクグループ〟である。

なぜ、銀行員たちは震え上がったのか。それは、彼らが薄々感じていた「自らの未来予想図の変更」がもはや、決定的になったからである。いってみれば、銀行員人生という絵図面を抜本的に塗り替えなければならなくなる。それを迫られるような出来事が起きたのだ。

２０１８年の正月を穏やかな気持ちで迎えられた銀行員はいたのだろうか。ほとんどの銀行員は１年の計を立てる余裕などなく、不安を抱えたまま新年を迎えたにちがいない。まさに「お先真っ暗」な立場である。

その２ヵ月ほど前、「3メガバンクグループが中核子会社である商業銀行の人員削減を断行」という内容の記事が全国紙などで大々的に報じられた。子会社の商業銀行とは、三菱東京ＵＦＪ銀行（現、三菱ＵＦＪ銀行）、三井住友銀行、みずほ銀行である。

いうまでもなく、規模的にも実力的にも邦銀のトップスリーであり、毎年、東京大学、一橋大学、慶應義塾大学、早稲田大学など、名門大学の卒業生を１０００人単位で大量採用する、超一流企業だ。

多くの優秀な学生たちは面接で口にこそしなかったと思うが、内心では「将来的な安定が得られる」というのが、志望動機だろう。第一に倒産する可能性が乏しく、経営が悪化して大量リストラが起きることもまずなく、収入も高水準で安定している。

たしかに１９９７年、北海道拓殖銀行が破綻して金融危機が起こった際、大手銀行といえども経営が悪化して採用を抑制せざるを得ず、年収がダウンする事態は発生している。また、複数の銀行が経営統合する動きも見られたが、少なくとも拓銀以外の都銀が倒産することはなかった。これは、「Too Big To Fail」（大きすぎて潰せない）という言葉の通り、その存在の大きさゆえに倒産などの危機に瀕した場合、連鎖倒産でも発生すれば社会的な影響・被害が甚大なので、国がそれを保護したからである。

誰もがその企業名を知っていてブランドイメージもよく、学生たちの親世代からも絶大の信頼を集めてきたのが銀行というわけだ。しかし、はたして「安定」はこれからも不変なのだろうか。

これほどの高収益企業がなぜ

この問いに対し、冷徹にも「ノー」という答えを突きつけたのが、先の人員削減発表だった。三菱ＵＦＪ銀行が約６０００人を、三井住友銀行が約４０００人分の業務量を、みずほ銀行に至っては１万９０００人を削減するという計画を打ち出した。３行合計で３万人規模である。少なくとも戦後、銀行業界ではありえなかった出来事だ。過去、ありえなかったことが起きたのが２０１７年11月であり、「銀行員＝安定した仕事」という神話がもろくも崩れ落ちた瞬間だった。

とはいえ、銀行業界を巡っては、かねて「構造不況業種」という見方が強まっていて、マクロ的なトレンドでとらえれば、人口減少の深刻化に伴い、顧客基盤の縮小は避けられない運命にあった。現に、一般企業の国内での設備投資気運は盛り上がらず、銀行のめしのたねであるはずの貸出は伸び悩み続けている。そのうえ、「オーバーバンキング」といわれるほど日本には金融機関数が多く、それゆえの過剰競争が生じていた。

元来、規模は異なっても、ビジネスモデルは似たり寄ったりという没個性的なビジネスである。過剰な競争にさらに拍車がかかると、自らの顧客セグメントを絞り込む「戦略性の欠如」「総花主義経営」が露呈した。自らの得意分野を伸ばし、逆に不得手な分野は縮小するというような「選択と集中」のなさも相まって、収益力が衰える事態も生じ始めていた。つまり、典型的な構造不況パターンに陥っていたのが、銀行業界であった。

ところが、こうした構造不況とは裏腹に、銀行は高水準の利益を叩き出してきた。メガバンクであれば、年間数千億円もの利益を、地銀でも数十億円から百億円台の利益規模である。一般企業と比べても、この利益水準はきわめて高い。それほどの高収益企業がなぜ、構造不況といえるのかと疑問に思う人もいるだろう。

「黒田バズーカ」の影響

じつはここには、銀行独特の収益構造が作用している。銀行ビジネスは貸出資産を積み上げ、そこから得られる利息収入を基盤とする、いわゆるストック商売である。

仮に足下で苦戦を強いられ貸出の伸び率が弱まっても、過去に積み上げた貸出資産が巨大である限り、そこから生ずる利益を享受できる。しかしそれは、過去の蓄積の食いつぶしでしかない。しかも日経平均株価指数が一時よりも上昇し、景気が改善し始めたとされる近年においては、貸出資産の信用リスクに応じて積み立てていた貸倒引当金が、リスクの減少に伴って過剰積み立てとなり、その取り崩しまでもが利益にカウントされるようになっていた。結果として、利益水準は真の実力をはるかに超えたものに〝お化粧〟されているのだ。

ところが、少なくとも表面上、利益は上がっており、仮に将来的な不安を感じていたとしても「どうにかなる」という、どこか楽観的な雰囲気が漂い、危機感は打ち消されていた。一般的に、危機感に乏しい企業は「自らを変革する」というインセンティブが鈍りがちだ。その一方で、営業店に課せられた過大なノルマ、顧客志向とは程遠い銀行本位のセールスなど、不毛としか思えない銀行業界内の競争は、激化し続けた。その結果、顧客の銀行離れが広がり、構造不況は一段と深まっていった。

真の収益力が萎えてきているのに危機感が乏しく、変革もできないとなれば、伝統的な事業モデルを支えてきたこれまでの高コスト（人件費）が、ズッシリと重たくのしかかってくるのも当然だろう。構造不況に特有の高コスト体質が顕著となった。

そんな「変われない銀行」に対して、最終決断を促したのが、経営環境の劇的な変化――日銀によるマイナス金利政策の導入だった。

２０１３年4月以降、黒田東彦総裁率いる日銀が、「黒田バズーカ」（国債の大量購入方式による、異次元ともいえる量的緩和）を断行し続け、市場金利を歴史的な低水準にまで誘導した。それに加えて、２０１６年2月には、民間銀行が日銀に預け入れる日銀当座預金の金利を――一定の条件の下ではありながらも――マイナス０・１％に設定するという、前代未聞のマイナス金利政策を導入した。

この黒田日銀の量的緩和に続くマイナス金利政策は、「干天《かんてん》の慈雨《じう》」という言葉とは逆に、干天に熱風を吹きつけるかのような悪影響を銀行経営に与えた。世の中の金利という金利が一挙に押し潰されてしまったからである。企業向け貸出金利も住宅ローン金利もその例外ではなく、限りなくゼロ水準に近づくような引き下げとなった。

しかし、だからといって、預金金利をマイナス金利化させることはできない。

そもそも、預金金利と貸出金利の差である「預貸金利ざや」は、銀行業の利益の源泉といえるものだったが、この利ざやが急激に縮小し、さらに有価証券運用まで含めた国内ベースの総資金利ざやに至っては、マイナス化、つまり逆ざやに陥る銀行が続出するようになった。メガバンクもその例外ではない。

こうして、銀行の収益構造は一挙に深刻な悪化を来し始めていった。

シャッターを開けるたびに支店は赤字

公の場において、メガバンクの経営者たちは「マイナス金利の影響は軽微である」「資金オペレーションを巧みに行ってきたので影響はない」等々、悪影響を否定する強気コメントを発し続けた。しかしそれはあくまでも公式見解に過ぎず、ホンネは「マイナス金利政策はやめてくれ！」である。同政策が長期化するにつれて、メガバンクは〝非常時モード〟に突入していった。

とりわけ疲弊が進んだのが、国内リテール業務分野である。リテール業務とは、個人、中小零細企業などを顧客とする業務であり、その最大の経営インフラは、読者のみなさんが普段利用している銀行の支店にほかならない。支店には、支店長をトップとして、営業、事務などの行員が配属されている。つまり、ひとつの支店でも人件費は相当の規模に膨らんでいる。

利ざやが極端に縮小すれば、この人件費を賄うだけの収益を稼ぎ出すことなどできない。実際、メガバンクでは「国内リテール部門はすでに赤字」（某メガバンクの企画担当者）という事態に直面した。このままでは、赤字の規模は膨らみ続けていく。「毎朝、営業店のシャッターを開けるたびに大量の赤字が垂れ流しとなる構図」（同）である。

それでも、銀行業界でメガバンクが「地方銀行よりも恵まれている」といわれていたのは、地銀にはない国際業務の存在が極めて大きい。詳しくは後述するが、グローバル・プレーヤーであるメガバンクは海外進出を積極的に行い、外貨建て資産を積み上げている。そこから得られる収益が拡大し続け、近年、国内業務の不振を穴埋めする役割を担ってきたからだ。

ところが、である。

マイナス金利政策の導入とほぼ時期を同じくして、好調だった国際業務にも陰りが見え始めていた。邦銀ならではの制約要因が、次第に無視できなくなってきたのだ。要するに、「外貨調達問題」である。基本的に海外諸国での金融取引は円建てではなく、ドル建てで行われる。したがって、邦銀が海外で融資や投資を拡大するには、それだけのドル資金を調達する必要がある。しかし、すでに相当規模のドル建て資産を保有するまでになったメガバンクには、徐々にドル資金調達の限界が近づいていたのだ。

邦銀がドル資金を調達するには、次のような方法がある。

・単純にドル資金を借り入れる
・米国で預金業務を拡大する
・手持ちの円資金をドル資金と交換する（通貨スワップ）

だが、いずれの方法においても、ドル資金の調達コストは上昇してきた。たとえば邦銀が米国で法人向けの大口預金を扱おうとすると、金利を従来よりも高く設定しなければならなくなったり、円資金とドル資金を交換する通貨スワップ市場では、邦銀が負担するスワップレートにプレミアムレートが上乗せされるようになったりした。

邦銀が海外で保有する長期資産の採算性も悪化している。長期資産を購入する場合、必要なドル資金を短期のつなぎ調達で行う「短期調達・長期運用」を邦銀は強いられるからだ。

したがって、邦銀に金利収入をもたらす長期資産を保有し続けるには、絶えず、返済期限を迎えたドル資金を調達し直す「ロールオーバー」という行為を繰り返すことになる。ところが、ドル資金の調達コストが上昇している局面でロールオーバーをすると、返済したドル資金のコストよりも、新たに調達し直したドル資金のコストのほうが高くつく。結局、ロールオーバーするたびに、運用収益からドル資金の調達コストを差し引いて得られる利ざやは悪化し、収益は落ちていくことになる。採算悪化の悪循環パターンである。

積極的な海外展開の代償

メガバンク（現地法人も含む）の海外預貸利ざやの変化をみると、邦銀ナンバーワンの国際業務を誇る三菱ＵＦＪ銀行の場合、２０１２年～２０１７年上期まで１・９％以上のレベルで安定的に推移しているものの、三井住友銀行は２・０％程度から１・５％台へ、みずほ銀行も１・８％程度から１・１％台へと大幅に悪化した。貸出残高の伸び悩みも顕著であり、ボリューム、収益性の両面から海外部門も成長力が弱まってきている。

これまで国内部門の穴を埋め続けてきた海外部門の収益が頭打ちから減少へと向かえば、やがて国内業務の落ち込みをカバーすることができず、国内外合算ベースでじり貧となっていくだろう。

積極的な海外展開の代償として、雪だるま式に膨らんでしまった経費も無視できない。収益の伸びを上回る経費の拡大によって、経費率（ＯＨＲ）は跳ね上がった。もともと国内リテール部門は経費倒れのうえ、さらに国際部門も経費増となれば、国際部門の縮小は避けられない。ところが、グローバル・プレーヤーの誇り高きメガバンクにとって、その選択肢はまずありえない。こうして事態が深刻化するなかで、メガバンクの〝決断の日〟は近づいていった。

ここで念のため断っておくと、メガバンクの経営者たちがこうした危機にまったく目を向けてこなかったわけではない。２０１７年になって初めてその深刻さを認識したというわけでもない。

もちろん、各々の受け止め方は一様ではなく、認識のタイミングも深さも異なっていた。「国債購入に限界が見えてきた」「いずれ日銀は量的緩和から金利政策に戻るのではないか」という見方が金融関係者の間でささやかれ始めると、２０１５年後半には「欧州中央銀行（ＥＣＢ）がすでに実施しているマイナス金利政策を日銀が選択するだろう」という予測もちらほら聞こえてきた。

そうした状況のなか、国際金融市場では前述したドル資金調達コストも上昇の気配を漂わせ始めた。マイナス金利政策が実施された場合、邦銀は国内で、より深刻な運用難に直面するのはまちがいなく、「海外投資を拡大せざるを得ない」という見通しが浮上すると、邦銀の足下を見透かすように邦銀に対するドルの〝価格〟が引き上げられたからである。

邦銀の海外投資拡大方針→ドル資金需要の増加→ドル資金の調達コスト上昇

こうしたメカニズムの兆候が現れてきたところ、実際に2016年初頭、日銀はマイナス金利政策を発動させ、銀行業界の半信半疑のムードにとどめを刺したのだった。

なぜ地銀ではなくメガバンクが？

その意味では、2015〜2016年にかけて、銀行経営者はよほど鈍感でない限り、自らを取り巻く経営環境が一段と厳しくなるという覚悟を決めざるをえなかった。現に三井住友グループでは、そのような事態が明確化した場合の収益シミュレーションをひそかに繰り返し、厳しい状況を前提とする戦略を検討し始めていた。メガバンクの中では最も素早い動きといえた。

では、なぜ2017年11月というタイミングで、メガバンクは一斉に人員削減を柱とする改革構想の公表に踏み切ったのか。「大規模な人員削減」「メガバンク、リストラへ」などと全国紙やテレビでは報じられたものの、残念ながら、この「なぜ」を説明したメディアはない。「銀行は横並び意識が強いから」というような安直な受け止め方がされていたが、はたしてそうなのだろうか。

そもそも、人員削減を断行するのが国際業務力に乏しい地方銀行などではなく、「なぜ、メガバンクだったのか」という疑問を抱かずにはいられない。これまで述べてきたように、マイナス金利政策から生ずるダメージを、地銀はメガバンクのように海外部門の収益でカバーすることができず、国内業務の厳しさがそのまま、収益力悪化として露呈する収益構造となっている。しかも、地方ではすでに人口減とそれに伴う後継者不足や企業数の減少が始まっており、顧客基盤という銀行経営を支える本質的なバックボーンが縮小・脆弱化している。

そうした厳しい現実を踏まえて、金融庁は数年前から「持続的なビジネスモデルへの転換」を地銀に求め、経営統合をそのひとつの選択肢として掲げてきた経緯があった。ところが、具体的なコスト削減に先に動き出したのは地銀ではなく、それよりも収益構造的には恵まれているはずのメガバンクだった。

先の疑問を解くカギは、両者の違いにある。つまり、メガバンクの利点ともいうべき国際業務部門の変化こそ、変革に向けてメガバンク経営者たちの尻を叩いたということである。

トランプが逆回転させた規制環境

メガバンクの収益構造をみると、営業経費を控除する前の、いわゆる一般企業の営業利益に相当するのが業務粗利益であり、そこに占める国際部門が稼ぎ出した国際業務粗利益の割合は、２０１７年時点で最もグローバル展開を進めている三菱ＵＦＪ銀行が40％台でトップ。それを追う三井住友銀行とみずほ銀行が30％台後半となっている。

10年前の２００７年、三菱ＵＦＪ銀行は20％半ば、三井住友銀行が20％未満だった。みずほ銀行のみが30％近くの水準にあったとはいえ、いずれにしても10年前は現状よりも国際業務粗利益の収益貢献度は低かった。

裏返していえば、メガバンクはこの10年、猛烈な勢いで国際業務部門を拡大させてきたわけである。結果として、もはや、国際業務の貢献なくしてその業容を維持し、さらに成長し続けることはありえない収益構造に転換している。地銀が国内部門という一本の主柱で建っているとすれば、メガバンクは国内業務、国際業務という二本の柱が支えていて、近年は国際業務のほうに収益期待という重みがのしかかるようになってきていた。

ところが、その柱の土台を揺るがしかねない不安要素が現れていた。前述したように、兵站《へいたん》線であるドル資金調達のコスト上昇である。加えて、2017年1月に米国で発足したトランプ政権は、それまでの国際金融秩序とは異なる舵取りに動き出した。金融規制の緩和である。

2008年に米国で発生したリーマン・ショックが世界経済を大混乱に陥れたことは、いまだ記憶に新しい。その反省から世界の金融当局者たちは厳しい国際金融規制の導入に動き、米国ではそれとは別に厳格な金融規制（ドット・フランク法など）を独自に設けるという流れがオバマ政権下で起きていた。しかし、トランプ政権が発足すると一転、金融規制を緩和するという方向性が打ち出された。

国際金融規制の影響は、欧米の金融セクターにより厳しく、日本の銀行には相対的に有利に働く構図にあった。実際、欧米の大銀行などは規制をクリアするために、自己資本の増強と資産圧縮に追われる状況を余儀なくされると、邦銀には欧米の銀行から顧客がシフトしてきていた。

また、欧米の巨大金融機関は、厳しい自己資本比率規制に対応するための資産圧縮の一環として、子会社や業務部門を売却する動きにも出ていたため、日本のメガバンクはその売却の受け手となって、国際部門を拡大させた面もあった。

ところが、規制環境が逆回転となれば、これまで邦銀が享受してきたビジネスチャンスは喪失する。そのうえ、米国で景気回復が本格化し、米国の中央銀行が少しずつではあるが金利引き上げに動き出したところ、米国の有力銀行では利ざやが拡大し、収益力を回復し始めた。すると、一度は借り入れを日本の銀行に乗り換えていた企業などが再び米国の銀行へと回帰し出したのだ。

そうしたなかで、シティバンクを擁するシティグループの最高財務責任者（CFO）、ジョン・ガースパッチ氏は2017年7月25日に有力投資家を招いて開催した「2017イベンスターデイ」において、「Return on Capital & Return of Capital」という発言をしている。これは、CapitalをEquityに置き換えるとわかりやすい。要するに、「ROE（自己資本利益率／株主が投資効率を測る際に見る財務指標）は従来通り重要であるが、十分に利益を出せるまでに収益力が回復してきたので、今後は「Return of Equity」（株主還元）も強化するということである。リーマン・ショック以後、失っていた自信を、米国の銀行が取り戻した証しともいえるだろう。

一連の経緯について、日本の銀行に「逆風が吹き始めた」といえば大げさかもしれないが、少なくとも順風が止んで凪《な》ぎに変わったという言い方はできよう。銀行を取り巻く環境の変化が鮮明となった２０１７年、日本ではマイナス金利政策長期化の見通しが強まった。国内の先細り症状の慢性化はいよいよ避けられず、メガバンクを支える「国内」「国外」の二つの主柱が、危うさを増した〝瞬間〟だった。

欧米の機関投資家が無視し始めたメガバンク

そうした苦境を反映するかのように、株式相場全体が好転する中でも、メガバンクグループの株価の上げ足は鈍く、株価水準に関する評価軸のひとつ、ＰＢＲ（株価純資産倍率）は1倍未満の低レベルのままにあった。ＰＢＲは企業の1株当たりの純資産額に対して実際の株価（時価）がどの程度なのかをみる尺度であり、一般的に1倍未満が「割安」とみなされる。そんな状況が長らく続くということは、メガバンクグループの株価が決して「割安」ではなく、むしろそれが「妥当」とみなされたといっても過言ではない。

そもそもメガバンクグループは、数千億円もの年間利益を計上する大企業であり、その利益の大半を稼ぎ出しているのは、傘下の商業銀行である。その稼ぎ頭の今後について、メガバンクグループの経営陣が「収益改善する」といくら力を込めて説明しても、投資家の間では「銀行は収益先細り」という見方が圧倒的に強く、結局それを覆すだけの説得力がなかったことを意味する。

とりわけ、投資のプロフェッショナル中のプロフェッショナルと称される欧米の機関投資家の目は厳しさを増している。機関投資家は単なる利益水準よりも、将来的なビジョン、経営戦略を厳格に評価していく。この点、彼らの目からすれば、ここに来てのメガバンクグループを取り巻く国内外の環境変化と、それに対する経営戦略が、合格点から程遠かったということだろう。

たとえば、ある米国系ファンドの関係者は2017年初頭、「日本のメガバンクの戦略は収益向上という意識を感じさせない」と断言して憚《はばか》らなかった。そういう判断を強めた彼らがメガバンクグループの首脳陣に対して、厳しい質問を浴びせて、満足できる回答が得られなければ投資判断の見直し――もちろん、投資の手控え、株式の保有比率引き下げなど――に動くことも避けられない。

現に、満足できる回答が得られないような、一部のメガバンクグループからは彼らの足が遠のき始めた。要するに、「バッシング（批判）」を通り過ぎて「パッシング（無視）」へと潮目が変わる節目に差し掛かっていたのだ。

「帰らざる河」

国際業務を相当な規模で展開している銀行にとって、これは由々しき事態といっていい。機関投資家の判断は株価に反映されやすいからである。それも国際的に高い評価を築いているような機関投資家であればあるほど、市場に対する影響力は大きい。実際に経営環境が厳しさを増してきたことに加えて、芳しくない評価を反映して市場での価値がさらに悪化すれば、銀行経営は今後、さらなる悪循環に陥りかねない。

株価の低迷→格付けの低下→ドルなど外貨調達のコスト跳ね上がり→収益悪化→市場評価の悪化→外貨調達コストの上昇→収益悪化

という負のスパイラルである。

先ほども述べたように、メガバンクグループにとって、海外拠点の縮小・撤退といった選択肢は到底ありえず、国際業務の拡大は「帰らざる河」である。

なぜなら第一に、国内の成長には限界があるので積極的に海外展開しなければならないし、第二には、日本の大企業の多くが市場の成長を取り込むために海外進出している以上、自らも同様の動きをしないと、グローバル化している日本企業との取引関係にひびが入ってもおかしくないからだ。

かりに、縮小・撤退を選択せざるをえない状況ともなれば、ビッグネームの日本企業からは失格の烙印を押され、海外部門どころか国内部門の取引も打ち切られ、有力外資系銀行に顧客を奪われかねない。つまり、メガバンクグループにとって国際業務は生き残るための必要条件であり、縮小・撤退は何が何でも回避しなければならない。いわば国際業務において、負のスパイラルにハマらないことこそが、重大な生命線なのである。

証券ビジネスのほうが有望？

ちなみに、企業の評価軸のひとつである格付けに関して付言しておくと、格付けは企業の調達コストを左右するものであり、社債によって資金調達をしたい場合、格付けがどのレベルにあるかで金利水準などの発行条件が決定してしまう。メガバンクグループは現状、良好な格付けを維持しているが、これが不変であるとは限らず、格付け維持のための努力が求められている。

さらに補足すると、東京証券取引所やニューヨーク証券取引所に株式を上場しているのは、メガバンクグループの銀行持ち株会社（親会社）であって、具体的には三菱UFJフィナンシャル・グループ、三井住友フィナンシャルグループ、みずほフィナンシャルグループである（傘下子会社の三菱UFJ銀行、三井住友銀行、みずほ銀行が上場しているわけではない）。つまり、市場で形成される株価は金融持ち株会社＝フィナンシャルグループの評価を反映していることになる。

しかし、これと格付けは微妙に異なる。少なくとも銀行セクターの場合、格付けは子会社である銀行が対象となっているため、銀行の資金調達コストに直結する要素となっている。

たとえば、2018年1月、みずほフィナンシャルグループはトップの佐藤康博社長の退任を発表したが、その際の記者会見において、佐藤氏は「従来の銀行依存から証券依存に変える」という主旨の発言を放った。これは、銀行ビジネスよりも証券ビジネスのほうが将来性が高く、そちらに経営の軸足を移していくという意味だろう。その路線が評価されれば、株価的にはプラス効果が期待できるかもしれない。

ところが、銀行に対する格付けという面でみていくと、話は違ってくる。メガバンクグループでありながら、銀行（バンク）の依存度が下がるという経営路線は、銀行の格付けにいかなる影響を与えるのか。少なくとも、印象的にはプラス効果がもたらされるとは考えにくい。

話を戻すと、2017年までにメガバンクグループには危機意識が芽生えていた。要するに、水面は穏やかなようでいながら、本業を銀行から証券にシフトしなければならないと経営トップが語ってしまうほどに、水面下では経営環境の厳しいうねりに巻き込まれていたと言っていい。

メガバンクグループは、豪華な巨大客船にたとえられることがある。しかし、その内実は燃費効率が著しく劣る旧式の船であり、船内設備は老朽化が進み、おまけに数多くの乗組員を乗船させている。過剰に重たいので推進力が弱く、もはや仲間の乗組員を海に突き落とさざるをえない。それでもなお、外洋に出て高波を受ければ前に進めず、燃料代が値上がれば採算割れの赤字航行に陥る、時代遅れの巨艦にすぎない――これが銀行の紛れもない実態だろう。

これでは世界を相手とするビジネスで勝てるわけがない。案の定、次第に乗客からの人気が落ちてきたところに、船長が思わず目を背けたくなるような事態が発生していた。乗客がより満足する、便利で、しかも料金が安い〝強敵〟が出現してきたからだ。スマートフォンなどを通じて送金や支払いを行うフィンテック（financial technology／金融とIT技術の融合）を活用した新たな金融サービスの提供者、フィンテック・プレーヤーである。

もはや絶体絶命

フィンテックの詳細については第3章に譲るが、欧米、あるいはシンガポールなどのアジア諸国にさえ遅れをとっていたわが国に本格的なフィンテックの波が押し寄せてきたのは、ここ数年のことだ。フィンテックを駆使したIT企業（フィンテック・プレーヤー）は、それまで銀行が人手で対応してきたような事務作業のシステム化を実現し、銀行よりも効率的で、なおかつ顧客にとって低コストの金融サービスを提供し始めた。

近年、フィンテック・プレーヤーが提供する金融サービスに対して、伝統的なビジネスモデルの銀行業界は「競争力を持ちえない」という深刻なシナリオが現実味を帯びて語られ始め、実際、フィンテック・プレーヤーたちの存在感は日に日に増している。

彼らが活躍するメインステージはリテール業務分野であり、なかでも、大衆金融といえるマスリテールの領域では、スマホ操作による振り込みなどの資金決済やローン申し込みまで、簡単にできるサービスが今後も加速度的に利用層を広げていくことが確実視されるようになった。

これに対し、メガバンクグループが大規模な店舗を駅前の一等地に構え、そこに大勢の銀行員を配置するような高コスト構造を続け、しかも、「顧客志向の徹底」が標語倒れに終わっているようなサービス内容に終始するなど、従来通りのリテール業務のスタイルに拘泥している限り、彼らの競争力はさらに失われ、より一層の採算悪化を来すだろう。

マイナス金利の致命的な影響、国際業務への対応が引き金となりかねない〝負のスパイラル〟、そして、リテール業務分野で台頭してきた脅威のライバル、フィンテック・プレーヤー――。程度の差こそあれ、これらがもたらすダメージは、日本を代表する大銀行に対して同時多発的に及ぶ。つまり、銀行のビジネスモデルが老朽化し、もはや時代遅れになっており、そのスクラップ・アンド・ビルドのために残された時間はそれほど多くはないことを、メガバンクグループの経営陣は否応なく認識せざるをえなくなったわけだ。

もちろん、認識しても直ちには動き出さないのが、日本の保守的な銀行業界の特徴ではある（他の業界も同様だが）。1991年のバブル崩壊後、不良債権処理を遅らせて「失われた20年」を招いたのは、ビジネスモデルの老朽化が進行していたにもかかわらず、改革を先送りしてきたことが原因だった。今回もまた、すでに絶体絶命のピンチに陥っているというのに、その認識が具体的な行動へと向かうタイミングには、メガバンクグループによって微妙な差異が感じられる。

3メガバンクグループのなかで具体的な動きを先行させたのは、三井住友フィナンシャルグループだった。同グループはちょうど、2017年度から新たな中期経営計画（3ヵ年）が開始となるタイミングでもあった。その2年ほど前から極秘裏に具体的な検討を開始していたというが、それを後押ししたのはほかでもない、三井住友が抱いていた「ある危機感」だった。

ライバルに先んじるための隠密行動

一括りで「3メガバンクグループ」といっても、その概要や企業体質などにおいては様々な相違点がある。一例が顧客基盤の規模である。ライバルの三菱UFJ、みずほの後塵を拝しているのが、三井住友だ。この点、経営陣にはつねに危機感があった。仮に経営環境が好転した場合、ストックビジネスといわれる銀行業では規模の大小が利益を大きく左右するからである。

いつ、厳冬期のような現状から抜け出せるのかはわからないが、いずれ、その局面が訪れて経営環境が好転した時、このままではさらなる劣勢に追いやられかねない。したがって、いまのうちに強固なビジネスモデルと収益体質をライバルグループよりもいち早く構築する必要がある——。新経営計画がスタートする2017年度には戦略が動き出していなければならず、計画の具体的な詰めを急いだという。

同時に2015年には、リテール業務部門を中心に組成されたキャラバン隊が欧米諸国を積極的に訪問していた。現地の銀行のリテール店舗を視察するための、文字通り隠密行動だった。

一部の銀行関係者やＩＴ企業の関係者の間では、近年、米国や欧州において銀行店舗が劇的に変化したことがすでに知られていた。詳細については第3章で紹介するが、その変化のエッセンスを端的に表現すれば、デジタル技術を駆使した店舗設計とその下での業務運営の劇的な変化、そして、来店客の満足度合い等々、である。それらの情報はすでに得ていたが、実際に現状を把握したわけではなかった。そこで、様々な部門の役員層によるキャラバン隊を組成し、その目で実情を確かめるために現地に足を運んだわけだ。

もとより銀行の上層部が欧米の金融機関を訪れることは、決して珍しいことではない。個別ビジネスの交渉から大きな業務提携などに至るまで、グローバル展開しているメガバンクグループでは海外出張が繰り返されている。しかし、リテール店舗の視察となれば、話は別である。視察目的を果たすには話を聞くよりも、実際に自分の目で現場を見ることが重要だ。彼らは店舗がオープンし、行員たちが日常業務を行っている時間帯を狙って、事前のアポイントなしの視察訪問を繰り返した。

幹部も驚いた実態

かなり奇抜な行動に思える。しかしその後、メガバンクグループがそれぞれ公表した一連の業務改革内容を見比べると、三井住友のこの隠密行動がきわめて重要な役割を果たしていたことが窺える。というのも、リテール店舗の劇的な改革が単なる「コスト削減」という本部によるソロバン勘定だけではなく、三井住友のそれには、営業現場の「働き方改革」、さらには「銀行顧客の満足度」という現場感覚に基づくものでなければならない、という発想が内包されていたからだ。

実際、成果は大きかった。キャラバン隊のメンバーの一人だったある幹部は当時、筆者に驚きを交えながらこう明かしていた。

「どの銀行を視察しても、顧客に対応するカウンターの後方に、事務行員が大勢で働くという日本的なスタイルはなかった。フランスはカウンターすらなく、イギリスは空港に設置された航空会社のチェックインカウンター方式。大きな店舗で顧客が数多く来店していても、後方事務は2～3人だけ。スペインもそうだった」

そのしくみがデジタル技術、つまり、ＩＴ技術に支えられている実態を目の当たりにすることができたのは、非常に意義があったと振り返る。役員や幹部自らがメンバーとして視察せず、現地調査は若手行員に任せきりにして、彼らの報告文書を読むだけというパターンで終わっていたら、どうだっただろうか。

おそらく、「海外の銀行と比べて、自分たちの営業店舗がいかに立ち後れたものになっているのか」という経営陣が抱く危機感のレベルは、まったく異なったものになっていたにちがいない。現に、三井住友はその後、新たな戦略の立案、実現に向けてアクセルを踏み続けている。その目玉のひとつが、「はじめに」で紹介したようなリテール業務改革であることはいうまでもない。

その戦略の一端が明らかになったのは、2017年春のことだった。「リテール営業店の業務改革による効率性向上」というものであり、デジタル技術を駆使して、銀行員たちの働き方改革を実現する。具体的には、営業店で事務処理を担当する行員たちを事務センターに集約させて事務処理を大幅に効率化していく。これによって3ヵ年で200億円の経費削減を実現するほか、他の施策も加えて経費を合計500億円削減するという内容である。

このように、三井住友の新戦略が経費削減に重点が置かれているという事実は明らかになったとはいえ、２０１７年春の時点ではまだ、そのすべてが詳らかにされたというわけではなかった。やはり、他のメガバンクも含めて、全容が見えてきたのは同年秋だった。

「業務量の削減」と「人員削減」

さて、２０１７年11月、３メガバンクグループが打ち出したコスト削減策に話を戻すと、リテール分野で類似した戦略を打ち出したといえる一方、細かな部分では微妙な違いがあると同時に、コスト削減の柱である人員削減の規模には大きな開きがあることがわかった。

究極的な着地点は「コスト削減」で同じだとしても、３メガバンクのなかではそれを意味する表現が微妙に異なっている。三菱ＵＦＪと三井住友が「業務量の削減」としているのに対して、みずほグループは「人員削減」を前面に出して、その数を明確に示しているからである。

まずは三菱ＵＦＪと三井住友から見てみよう。

・三菱ＵＦＪは２０１７年度末までに年間約16万時間相当の業務量、２０２３年度末までに９５００人分に相当する業務量を削減する。
・三井住友は２０１７年度末までに５００人分に相当する１００万時間の業務量、２０１９年度末までに１５００人分に相当する３００万時間以上の業務量を削減していく。

「業務量の削減」は、経営上の言葉である。そこで働く者にとっては、自分の仕事がなくなってしまうことを意味している。それを三菱ＵＦＪは６年間で「９５００人」分も削減するというのだ。

もっとも、削減するのはあくまでも仕事量である。したがって、そのまま社員数ととらえることはできないが、仕事量が削減となれば、元の社員数が必要でなくなることは紛れもない事実だろう。実際、９５００人分の業務量削減によって６０００人程度の人員削減を行うとしている。その対象はほぼリテール部門であると見てまちがいない。

ちなみに、従業員数の定義は一律ではない。たとえば、海外現地法人も加えたり、あるいは対象外にしたりと、銀行によってその定義は異なる。それを前置きした上で三菱ＵＦＪ銀行の従業員数を紹介すると、２０１７年9月末時点で3万４７２０人、このほかにパート職員、派遣職員などの立場で働いている人たちが１万２１４０人となっている。

２０２３年度末までの人員削減数（６０００人）は、あくまでも従業員数のみ（3万４７２０人）をベースにしている。単純計算すると、全従業員の「ほぼ5人に１人」（17・２％）の人たちが削減される。仕事量ベースとはいえ、三菱ＵＦＪは今後、大企業１社分に匹敵する社員がいなくても済むようにするわけである。

みずほの圧倒的なインパクト

これに対し、みずほグループの人員削減が、他のメガバンクグループを圧倒的に凌ぐ規模だったことに、驚いた人も多かったのではないだろうか。その数、実に１万9０００人。しかも、三菱ＵＦＪ、三井住友は「業務量に相当する人員規模」と表現したのに対して、みずほグループは１万9０００人と、明確に削減人員数をストレートに出している。要するに、正味１万9０００人である。

みずほグループが三菱ＵＦＪや三井住友と異なった部分は、これだけではない。三菱ＵＦＪ、三井住友はそれぞれ、商業銀行の国内部門を対象としているのに対して、グループ一体の「One MIZUHO」を唱えるみずほグループは、傘下の商業銀行、信託銀行、証券会社のすべてを対象としている。したがって、削減となる１万９０００人の母数は「銀・信・証」を合計したグループ全体の従業員数（約8万人）ということになる。三菱ＵＦＪのケースと同様に単純計算すると削減比率は23・７％、やはり「５人に１人」が削減対象ということになる。

みずほと、三菱ＵＦＪ、三井住友との相違点はまだある。三菱ＵＦＪ、三井住友は特定部門における業務量削減をベースにして人員削減数を割り出している。したがって、対象外の部門では人員増強がなされて、グループ全体としては人員数がマイナスになるとは限らない。それに対して、みずほは明確に２０１７年３月末時点に比べて、グループの総人員数ベースで１万９０００人減としている。これはきわめて大きな違いである。

もっとも、３メガバンクが着手する人員削減は、解雇通告をしてクビにするという典型的なリストラではない。彼らが口を揃えていうのは、「自然減」である。

自然減とは「入りを減らして出を増やす」ことであり、その差し引きで全体の人員数を圧縮していくことを意味する。毎年、1000人を大幅に超えるような大量採用を続けてきたメガバンクグループの商業銀行が、退職者数を穴埋めできない水準にまで新規採用数を抑制すれば、全体の従業員数は当然減っていく。これが自然減の基本的な定義である。したがって、焦点となるのが退職者数であり、ポイントはここにある。

片道切符という哀しい運命

というのも、銀行は通常の企業とはやや事情が異なっているからだ。銀行では、無事に定年退職を迎えるという人間はほとんどいないのだ。60歳の定年年齢よりも、かなり早い時期に銀行を退職するよう促すしくみになっている。その年齢を超えて銀行に残ることができるのは、役員などごく一部の人たちだけに限られ、ほぼ全員が50歳前後になると、長年慣れ親しんだ勤務先を去っていく。

そのおもな行き先は、グループ企業である子会社や関連会社、取引先企業である。次章で詳述するが、当初は出向の形態で赴いたとしても、その後、正式に転籍となって銀行とは完全に袂《たもと》を分かつ哀しい運命にあり、行き先が取引先企業の場合は、その企業の経営悪化の立て直しといった特別なケースを除いて、やはりそのまま転籍となる。要は、銀行には二度と戻れない片道切符なのだ。

つまり、新卒採用という「入り」の部分を抑えて、早期退職という銀行独特の「出」のノウハウをフル回転で駆使しながら、全体の人数を段階的に減らしていくというのが、自然減である。

だが、はたして本当に「自然減」で収まるのかどうか。あるいは、自然減の前提である早期退職後の次の職場が存在し続けるのかどうか。そして、この動きは3つのメガバンクグループだけに限られるのかどうか。

これらについては後述するとして、ここでは、一点だけ付け加えておきたい。3メガバンクグループがほぼ軌を一にする形で抜本的な業務改革とそれに伴う人員削減ビジョンを明らかにしたわけだが、そのビジョンに記された改革実現の工程は決して一律ではないということである。

最大のポイントは人員削減の規模にほかならないが、それを評価するうえで重要なのは、先ほども触れたように、いかにして銀行は変わっていくのか、という戦略である。その際、営業店舗をいかに様変わりさせるのかが最大の焦点となる。以下、3メガバンクグループの工程を仔細に見ていきたい。

大きく出遅れているメガバンク

三菱ＵＦＪは、「国内店舗のうち、２０２３年度までに70～１００店舗を「機械化店舗（仮称）」に転換し、店舗事務を効率化する」としている。機械化店舗とは、デジタル技術を活用し、事務行員を圧縮した人員面での軽量店舗である。そして、繰り返しになるが、「業務プロセス改革によって、２０２３年度末までに対象業務量の30％（９５００人分に相当）を削減し、同年度までに６０００名の人員減少を見込む」という。

これに対して、みずほグループが描く「構造改革のイメージ」は、「国内店舗（拠点）約５００拠点を２０２１年度に４５０拠点に、２０２４年度に４００拠点に減少させ、２０１７年３月末に約８万人の行員数を２０２１年度までに約８０００人減に、２０２４年度に１万４０００人減、さらに２０２６年度には１万９０００人減にまで圧縮する」という内容である。ちなみに、軽量店舗化の具体的な数字は示していない。

一方、三井住友グループは２０１８年度に新卒採用を前年度比40％削減まで絞り込んだうえに、パート・派遣職員の補充抑制を開始。そのうえで、伝統的な店舗形態である顧客カウンターの後方で働く事務行員を事務センターに集約化させて実現する「次世代店舗」への入れ替えを２０１７年度に１００店舗、２０１８年度に２８０店舗まで拡大し、そして、２０１９年度には現在の４３０店舗すべてを次世代店舗に入れ替える。それによって、本部も含めて２０１９年度までに３００万時間（１５００人相当）以上の業務量を削減していく、という。

明らかに際立っているのは、三井住友の実現スピードの速さである。なにしろ、２０１７年度中にはすでに１００店舗の入れ替えが実現済みであり、あとの2年間で全国の店舗をデジタル型店舗に切り替えてしまう。同じ発想で三菱ＵＦＪが6年間で５１６店舗を数える全国の店舗のうち、その13％から19％に相当する店舗を機械化店舗に移行するというのと比べて、そのスピード感には圧倒的な違いがある。

みずほグループに至っては、デジタル技術の活用は限界的であり、むしろ、店舗数の削減のほうが前面に出ている。しかも、10年間というロングランのビジョンである。三井住友はもちろん、三菱ＵＦＪと比べても、スピード感は著しく劣っている。

もちろん、いずれも未体験ゾーンへの突入であり、その方向性が正しいという保証はない。根本的に方向性が誤っているというケースでは、何もしなかった者が勝つことすらある。

だが、これまで再三指摘してきたように、銀行の既存のビジネスモデルが老朽化していることは紛れもない事実である。無為が正しいという答えはありえまい。そう考えると、少なくとも、メガバンクグループのなかでも次の時代に向けたレースは、スタート時点で大きな差がついてしまったといっても過言ではない。興味深いのは、スタートダッシュが効いたところほど人員削減規模は小さく、出遅れたところほど人員削減規模が巨大であるという事実である。

はたして、過去の銀行業界にはなかったような大規模な経営モデルのチェンジは、顧客に何をもたらすのか。そして、ここを職場とする銀行員に対して、いかほどの衝撃を与えるのか。メガバンクグループだけではなく、銀行業界全体に人員削減の嵐が吹き荒れることになるのか。もし、そのような時代が訪れるのならば、どのようなタイプの銀行員が生き残れるのか。第2章以降、これらの問題を探ってみたい。

第2章　激変する銀行員人生

——人員削減・配置転換の深層

地方銀行の憂鬱

前章で見てきたように、メガバンクグループが大規模な人員削減策を伴う改革を打ち出したのは、国際市場のプレッシャーに突き動かされるという、やむにやまれぬ事情があったからだった。

それでは、地方銀行の場合はどうなのか。収益構造的にみて、国際市場のプレッシャーを直接的に受けるという立場にはなく、しかも、国内主体の株主構成からして、外国人投資家から厳しい注文が突きつけられる可能性も乏しい。したがって自己変革を求める波が地方銀行には押し寄せてはいないのかと思いきや、経営環境の面ではむしろ、メガバンクグループより地銀のほうが厳しく、生き残りをかけた自己改革が不可欠となってきている。

なにしろ、経営基盤となる地域社会では人口減少が著しく、企業数も減る傾向にあり、高齢化や後継者難に伴って事業継続を断念する経営者がこれからも後を絶たないとみられている。そこにマイナス金利が襲いかかり、メガバンクグループと同様、利ざやが吹き飛んでしまったからだ。

マイナス金利政策が早期に終了するのであればまだしも、いまのところ、その見通しは明確ではなく、地銀の従来型のビジネスモデルは半ば破綻しかけている。メガバンクグループのような国際業務もきわめて限定的であり、国内業務の不振を埋める手立てが存在していないことも、メガバンクグループ以上に厳しい状況を強いられている一因だ。

地銀の苦境は決算内容をみれば一目瞭然である。もちろん、状況はすべての地銀に一律というわけではない。経営基盤である各地の実情次第で異なるものの、全国106行を数える地銀の収益力が急速に悪化の一途をたどっていることがわかる。たとえば、近年の実質業務純益（一般企業の営業利益に近い、銀行の基本的な収益力を示すもの）を並べてみると、

・2015年度第2四半期決算　8454億円
・2016年度第2四半期決算　7672億円（前年度比10％減）
・2017年度第2四半期決算　6553億円（前年度比15％減）

というように、まさに加速度的に収益が悪化している状況だ。一般企業の売り上げに当たる業務粗利益も同様の後退歩調である。売り上げ、利益ともに不振というのは、構造不況の典型的なパターンといっていい。

こうした事態を監督官庁が強く憂慮しているのは、いうまでもない。それを如実に示しているのが、２０１７年秋に金融庁が公表した「平成28事務年度 金融レポート」と、その後に続いて発表された「平成29事務年度 金融行政方針」である。

地銀の過半数が本業で赤字

金融庁はここ数年、地銀に対して厳しい経営環境の下での「持続的な経営モデル」を構築するよう求めてきた。その具体的な選択肢のひとつが、経営統合だった。これを受けて地銀業界では一時、経営統合の動きが活発化したが、次第にこの動きは小康状態へと変わった。

もっとも、金融庁が求めたのは経営統合だけではない。本質的に求めたのは、あくまでも将来に向けた「持続的な経営モデル」の確立である。その意味では、経営統合の動きがトーンダウンしたこともさることながら、仮に経営統合に踏み切ったとしても、真の意味での「持続的な経営モデル」が確立されていなければ、問題は何も解決していないに等しい。経営統合をしても、それは単なる規模の拡大と重複部門の整理という限定的な経費削減しか見込めず、肝心のビジネスモデル転換を棚上げしていれば、その効果は一時的なものにとどまる。

にもかかわらず、経営者が経営統合をもって「汗を流した」と満足しているとすれば、金融庁の本来の意図からは大いに外れるだろう。そんな状況に業を煮やした金融庁が２０１７年秋に公表した「金融レポート」には、同庁の〝本気ぶり〟が伝わる文章が記述されていた。

〈平成27事務年度においては、顧客向けサービス業務（貸出・手数料ビジネス）の利益を推計・試算し、２０２５年3月期には約6割の地域銀行で当該利益がマイナスになるとの試算結果を示し、一般的に営業経費等で規模の利益が働きにくい中小金融機関を中心に、早期に、環境変化を踏まえて自らのビジネスモデルの持続可能性について真剣な検討を行うことが必要である旨を問題提起した。

こうした中、直近の２０１７年3月期決算を見ると、前期と比べ、貸出利鞘が縮小し、役務取引等利益も減少するなど、顧客向けサービス業務の利益は過半数の地域銀行でマイナスとなっており、平成27事務年度の推計・試算を上回るペースで減少している〉

顧客向けサービス業務とは、銀行自身が株式や国債などで資金を運用する業務を除いたビジネスを指している。つまり、集めた預金を個人や企業に貸し出して利益を稼ぐ預貸業務、投信や保険商品などを販売して得られる手数料（役務収益）、その他、送金手数料などで構成されている。いうなれば、銀行本来の業務、つまり「本業」にほかならない。それが地銀の過半数において、赤字に陥るという衝撃的な指摘である。

株式などの運用収益によって赤字を穴埋めできた地銀はかろうじて黒字決算を迎えているが、なかには含み益が生じている保有資産を売却して利益をなんとか捻《ひね》り出すという動きもかなりある。しかし、その場凌《しの》ぎのタケノコ生活的なるものが長続きするはずもなく、将来の展望が開けるわけでもない。むしろ将来に向けた蓄え（将来利益）の先食いであり、地銀の存続を一段と危うくさせているといっていい。

メガバンク傘下の商業銀行が国内リテール業務で赤字化し、それを国際業務の収益でカバーしているのとは似て非なる構造であり、本質的にはきわめて深刻な事態が蔓《まん》延《えん》していることになる。だからこそ、金融庁は現状のビジネスモデルでもこれから生き続けられるかどうかを冷徹に検討し、それが不可能ならば、ビジネスモデルの抜本的な転換に踏み出せというアピールを続けてきていたわけである。

金融庁の〝退場勧告〟

ところが、いまのところ、金融庁の期待は大きく裏切られたといわざるをえない。旧来型のビジネスモデルに恋々としがみついている地銀が少なくないからである。金融庁もその認識を強めたにちがいない。「金融レポート」に続いて打ち出した「金融行政方針」では、従来にも増して厳しい表現が用いられていた。地方銀行など地域金融機関に関する文面のなかで、象徴的な部分をそのまま紹介する。

〈持続可能なビジネスモデルが構築できていない金融機関に対しては、対話により自主的な経営改善を促しているが、金融機関において抜本的な改善策が講じられなければ、将来的に健全性が深刻な問題となる。地域の企業・経済に貢献していない金融機関の退出は市場メカニズムの発揮と考えられるが、他方、退出によって、金融システムへの信認が損なわれたり、顧客企業や預金者等に悪影響が及ぶことは避けなければならない。このため、金融機関の健全性に関する早期是正のメカニズム、金融機能の維持や退出に関する現行の制度・監督対応に改善の余地がないかについても検討する必要がある〉

典型的な官庁文章であり、読む者の価値観によって受け取り方が異なってくる面があるかもしれないが、要するにこの文章は、「ダメな金融機関は退出するのが「原則」であり、その影響が金融システムに波及しない限り、「退出ルール」をきちんと定める必要がある」という方向性を示唆している。

この「原則」を免れるには、激変を続ける経営環境に即したモデルチェンジを果たし、地域や顧客に対してより質の高いサービスを提供して支持を得るしかない。それが実現できるような経営体質に転換もせず、環境変化のスピードに乗り遅れた銀行は、レースからの離脱を余儀なくされる、という金融庁の警告である。

なにしろ、人口減少によって経営基盤が縮小するとともに、本業の利ざやも失われかけている。今後も株式などの運用で稼ぎ続けられる保証はどこにもない。これでは、どのような戦略を練り上げようとも、徹底したコスト削減は避けられない。経営統合という選択肢すらも、抜本的なコスト削減が伴っていなければ収益力の回復は見込めず、やがて共倒れは必至だ。

ところが、先に人員削減を伴う経営革新によって危機脱出の動きを見せたのは、地銀ではなくメガバンクグループのほうだった。地銀業界の対応が遅れている理由のひとつとして、メガバンクグループが直面したような冷徹な市場メカニズムが及ばず、独自の領域に地銀が存在しているからだという見方がある。自律的な行動が乏しいうえに他律的なプレッシャーも希薄となれば、事態は加速度的に悪化していくばかりだろう。

一部の地銀の収益構造はもはや臨界点に近い。したがって、金融庁は「市場メカニズム」という強烈な言葉を用いて、金融システムが動揺を来さないようなソフトランディングのプレッシャーを掛けていこうとしているのだろう。経営危機、つまりハードランディングシナリオでは金融システムに与える影響が大きいからだ。

〝中興の祖〟か〝無能経営者〟か

ソフトランディングの手法である早期是正措置は文字通り、早期に経営に是正を求めていく強制的なルールであり、従来、赤字決算で自己資本比率が一定水準まで低下した場合、それを是正するために資本増強や資産圧縮による自己資本比率の向上策を義務づけてきた。

たしかに、同制度によって銀行の基礎体力を一時的に回復させることはできるかもしれないが、現状、根本治療とはならない。自己資本比率を一時的に向上させたところで、経営環境に即したビジネスモデルに転換できていなければ、赤字体質は一向に改まらないからである。

したがって、今後予想される金融庁の早期是正措置は、これまで以上に踏み込んだ厳しい内容——人員削減をも含む、コスト圧縮を柱にしたビジネスモデルの転換を強く求めてくる——にちがいない。人口減少が否応なく進展し、銀行の基本的なマーケット規模も縮小せざるをえない以上、それに対応するには、銀行も縮小均衡で小規模化するか、ＩＴ技術を活用し従来人手に依存してきた業務をシステムに代替させてコスト削減を進めるしかない。

このまま地銀が自己変革を怠り、事態を放置すれば、結果として他律的な圧力＝金融庁の早期是正措置が発動され、メガバンクグループよりも高い比率の人員削減を求められる可能性は大いにある。

つまり、銀行業界あげての人員削減の時代の幕開きである。その規模は自己変革に向けた個別銀行の戦略性と、実現速度で決まってくる。時代の変化にキャッチアップした新たなビジネスモデルをいかに早く自律的に構築できるか。明確なビジネスモデルを構築できず、そのうえ変革にスピード感が伴っていないモデルチェンジであれば、時代のうねりに呑みこまれる格好で人員削減の規模はどんどん膨張していくだろう。当初こそ経営者が「自然減による削減」と明言していたものが、いつの間にか早期退職の肩叩きの力が強まり、やがてリストラに突き進む底なし沼、なし崩し的シナリオである。

銀行ビジネスはリスクテークビジネスと教科書的にはいわれる。倒産などの貸倒率に象徴される信用リスクを負ってでも、設備投資や運転資金のための融資を行って企業の成長を後押しするということだが、このまま変革を期待できなければ、銀行はその社会的な役割を果たすことができず、最終的には自らの経営問題にまで発展し、銀行という職場で働くことのリスクが高まっていくことにもなりかねない。経営者の立場に置き換えてみれば、スピード感のある大胆な変革を実現して末永く〝中興の祖〟として称えられるのか、〝無能経営者〟扱いをされたまま死んでいくのかという、後世の評価が天と地ほどに違ってくる話である。

もちろん、そこで働く数多くの銀行員の人生にも、シリアスな選択を求められる局面が訪れようとしている。自分の銀行が大胆な変革を成し遂げて勝ち残ることができればハッピーかもしれないが、老朽化したモデルに恋々としてすがる銀行に勤める銀行員は予期せぬ出向、転籍等々によって突然、人生設計が大きく狂うことになりかねない。

そうしたムードが強まれば、変われない銀行からはいずれ銀行員が逃げ出す。変わることのできた銀行でも新たなビジネスモデルについていけないタイプの銀行員は脱落していく。結局、銀行も銀行員も環境変化に柔軟に適応できなければ、適者生存という進化論の埒外《らちがい》に置かれるという局面がすでに始まったのだ。

銀行員の一生と再就職先

具体的な兆候は、転職希望者とそれを求める企業とを結び付ける人材サービス会社の登録動向に早くも現れだしている。あるメガバンクの銀行員が、「転職を希望する同僚が増えている」「実際に人材サービス会社に登録した者もいる」と筆者に明かしたように、大手人材サービス会社では2017年から銀行員の転職希望登録が急速に増え始めた。しかも、銀行業界で具体的な出来事が起きると、それを反映するように登録者数が増える傾向があるという。

たとえば2017年5月、三菱UFJフィナンシャル・グループ内で、企業向け貸出業務を信託銀行から商業銀行に移管し、信託銀行は企業向け貸出業務から撤退するというニュースが報じられた直後、信託銀行員の転職希望登録が一段増となった。「企業向け貸出業務の部門にいる社員たちが先行き、早期退職の対象となりかねないと予想して動き出した」（人材サービス会社）と考えられている。

なぜ、銀行員はこれほどビビッドに反応しているのか。それは、銀行独特の人事慣行が行き詰まり始めていることを、現場の銀行員たちは肌で感じているからである。

第1章でも簡単に触れたように、銀行員のサラリーマン人生は意外と短い。もちろん、定年退職年齢は一般企業と同様、60歳ではあるが、そのほとんどは定年よりもかなり早くて、50歳ごろには銀行を去るケースが多い。役員に昇格する人以外は、若干の差はあっても、その前後には順次早期退職の対象とされていく。

銀行員に夢を尋ねた時、その多くが「支店長」と答えるのは、勤務先（営業店）の「最高のポスト」だから、というだけではなく、現実的にそれがたどり着ける「限界のポスト」なのだ。つまり、どんなに成功したとしても、支店長に就く50歳ごろになると銀行員としての終末期を迎えることになる。

終末期が近づいてきた銀行員には、特別な研修が用意されている。再就職のための研修である。つまり、銀行を去ることを前提にした心構え作りの研修であり、たとえばみずほ銀行の行員たちはこの研修を「たそがれ研修」と呼んでいる。そして研修が終われば、あとは人事部から「君はここに行ってもらいたい」という転職先の通告を受ける日を待ちながら、目の前の仕事に取り組む。このしくみはいまに始まったものではない。連綿と続く銀行という企業独特の慣習である。

銀行員の年収カーブも、入社10年ほどは一般企業とそれほど差はないが、ある時期から急速に右肩上がりに増えると以後、いわゆる「銀行員はいい給与」という世界に突入する。したがって、かつて銀行員の人生設計といえば、入社10年ほどはきわめて家賃が安い独身寮、家族寮に住んで貯蓄に励み、その後、持ち家を購入してローンを払い続ける。実質退職期となる50歳ごろにはローンを完済しているか、あるいは完済に近い状況になっていて、退職金は老後資金として蓄えられる。

まさに銀行員は50歳ごろが〝人生の節目〟になっているわけだが、その後はどんな人生を歩むのか。

銀行を去らなければならない銀行員に対し、人事部が通告する再就職先としてまず挙げられるのが、銀行が数多く抱えている子会社、関連会社である。代表的なものとしては、クレジットカード会社、システム開発会社、事務受託会社、人材派遣会社、物流会社、物品販売会社、不動産鑑定評価会社、そして、不動産管理会社……と非常に幅広い。銀行のあらゆるビジネス、業務に枝分かれする形で、様々な子会社、関連会社が存在しており、こうした企業群が、銀行員の言葉を借りるところの「セカンド・キャリア」の受け皿として用意されてきた。

「セカンド・キャリア」の候補には、取引先企業も含まれる。要は、顧客企業にほかならない。幹部として迎えられる場合もあれば、経理・財務の責任者や担当者となるケースもある。なかには、トップの後継者として期待される〝栄転〟のようなケースもないわけではない。

栄転の場合でも、当初は出向扱いとなり銀行の給与体系のままでいられるが、その後、正式に転籍するのが一般的だ。一度、転籍となれば、受け入れ先企業の正真正銘の社員となってその給与体系に組み込まれる。世間の会社員並みに年収は下がるだろうが、とはいえ銀行から退職金を得て住宅ローンは完済、あるいは完済に近い状態にあるはずなので、決して悪い話ではないだろう。

だからこそ、いま就職活動中の学生を持つ親たちは「民間企業に就職するなら銀行」と考え、子どもたちにも「銀行第一」をすり込んできたのだろうが、残念なことに親世代が思い描くような〝銀行員の輝く時代〟は過去の遺物になろうとしている。

ゆがんだ社員構成

メガバンクグループが今回の人員削減について、「自然減」という言葉を持ち出しているのは、新卒採用の抑制と並んで、この銀行独特の人事慣行＝早期退職のしくみをフル稼働させることを織り込んでいるからだ。

では、なぜメガバンクグループがことさらに「自然減」を強調する一方、銀行員は人員削減に動揺して人材サービス会社への登録を急いでいるかというと、各銀行の社員構成がいびつだからだ。問題の原点は、ここにあるといっていい。

国の人口構成と同様、企業の社員構成も理想型はピラミッド状である。裾野は広く、年齢が上がるにつれて狭くなっていく。企業でいえば、最後の頂点は社長、銀行で言えば頭取ということになる。底辺部分は新入社員であり、大卒であれば22〜23歳という年齢だ。

しかし企業の場合、現実的にこのような理想型になることはほとんどありえない。その時々の好不況や業績を反映して、採用人員数を増減させるからだ。じつは、その典型が銀行にほかならない。以下、メガバンクグループの商業銀行をベースに、この30年あまりの経過を簡単に振り返っておく。

まず、バブル経済の余韻が残る1990年初頭まで膨張主義を貫いてきた銀行は、〝バブル世代〟と評される年齢層を1000人規模で大量採用し続けた。その後、バブル経済の崩壊が本格的な金融危機へと発展し、銀行が巨額の不良債権処理にあえぐ時代に入ると、当然、採用人員は徐々に絞り込まれた。2000年代初頭には政府の公的資金受け入れの条件＝人員抑制もあり、採用は一段と抑制された（その間、メガ再編が起きた）。

再び、採用が拡大期に入ったのは、メガバンクグループが順次公的資金を返済し終えた2005年ごろからである。併せて女性の積極採用、産休の導入なども加わって、バブル時代を彷彿《ほうふつ》させるような1000人超の採用が復活した。

その結果として描き出される社員構成は、ピラミッド状とはほど遠いものになっている。30代前半はそこそこ裾野を広げているが、その真上に当たる氷河期世代＝採用抑制時代はぎゅっと絞り込まれている。さらにその上の再び大きく膨らんでいる部分が大量のバブル採用組であり、年齢的には40歳代後半。つまり、まもなく終末期を迎える世代だ。

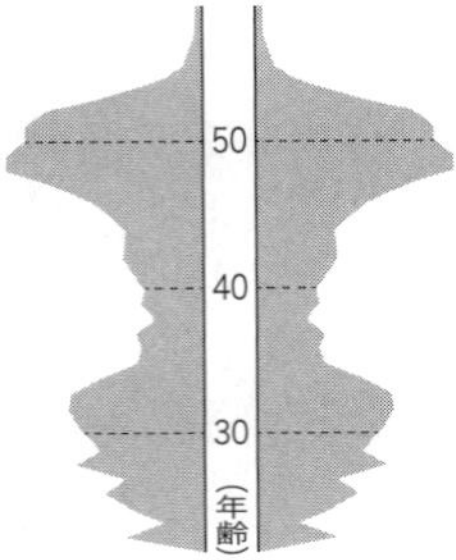

みずほ「基幹職系の人員構成」（2017年3月末）をもとに作成

その実情を丁寧な図表で表したのが、みずほグループである。それによると、総合職として支店長、副支店長などに昇格する道がある「基幹職系の人員構成」は、2017年3月末の時点で図のようになっているという。つまり、これから3～4年かけて、バブル世代が銀行独特の早期退職年齢にぶち当たっていく。その間、新規採用を抑制すれば、大量規模の「自然減」が成立するというわけである。

取引先からも必要とされていない？

みずほグループの言によれば、「大量採用世代の転出等により、人員構造の適正化を進め、3割程度をスリム化・高コスト構造を是正」するシナリオである。程度の差こそあれ、他のグループの経営者や本部の企画、人事の担当者も、この線で人件費削減のソロバンを弾いているのはまちがいない。

しかし今後、人員削減に伴って退職者が増えれば、当然「セカンド・キャリア」の受け皿をめぐる争いが熾烈を極めるのは火を見るより明らかだ。頭数でソロバン勘定された側の、バブル世代の銀行員たちは、「人員削減の大前提＝転籍が、銀行本部の考えているようにスムーズにはいかない」と疑っている。人材サービス会社への登録に走る銀行員が出てくるのは、「銀行独特の人事慣行＝新陳代謝システムへの不信感」があるからだ。

子会社や関連会社、そして取引先企業という「セカンド・キャリア」の受け皿に頼りきりのしくみに、「危うさを感じ始めている」と言い換えてもいい。「子会社、関連会社には、すでに相当数のＯＢが転籍で移っていて、私たちがそこに入り込む余地はそれほど大きくない」と冷静に語るバブル世代がいるように、子会社、関連会社では多くの直前世代が第二の仕事人生を送っている最中だ。そうした状況のなか、かつては65歳と規定していた「セカンド・キャリア」のゴール年齢を60歳に引き下げ、ここにも新陳代謝システムを導入し始めようとしている銀行もある。皮肉にも、世間の企業が定年を60歳から65歳に引き上げようという議論の流れに逆行するかたちだ。

一方、取引先企業への転出のほうも、風向きが変わってきている。取引先から銀行への人材ニーズはかつてより少なくなっているからだ。経営悪化した企業の立て直しなどのような特別なケースを除いて、取引先企業がメインバンクに人材を求めてきた理由のひとつとしては、銀行員が〝財務・経理のプロフェッショナル〟であるという期待感があったからだ。そして、もうひとつ、メインバンクからの人材を受け入れておけば、銀行とのパイプが構築でき、取引の際に有利に働くだろうという思惑もあった。

ところが、近年、メインバンクの価値（存在意義）そのものが変化している。メインバンクに依存するのは、経営内容が芳しくない企業であり、経営が隆々としている企業ほど、様々な銀行からのオイシイ提案が集まってくる（銀行のほうでも、貸出ノルマ達成のために融資攻勢をガンガン仕掛け、取引先企業から距離を置かれることさえ誘発させてしまったという話もある)。

そうしたなかで、企業側の事情もずいぶんと変わってきている。優良企業であるほど、銀行の人材を受け入れれば銀行取引が有利に運ぶというような打算を働かせる必要性は薄らぎ、銀行に依存せずとも経理・財務を専門とするコンサルタントに相談する経営者も増えてきた。それにもかかわらず、銀行が銀行員の受け入れを強く迫れば、過去はともかく、現在では、「カネを貸している立場」の銀行による優越的地位の濫用とみなされかねない。従って、強要はもちろん、強い懇願も事実上できない。

そうした取引先企業や法制度の変化を実感しているのが、ほかならぬ、営業現場の最前線で取引先企業と接しているバブル世代である。だからこそ、取引先企業での「セカンド・キャリア」人生はそれほど容易ではなく、それが実現してもかつてのような良いポジションが決して与えられるわけではないという「悪い予感」を抱かざるをえなくなっている。

逃げ出そうとする若手世代

いま、終末期を目前に控えているバブル世代の場合、ちやほやされて入社したまではよかったものの、その後、金融危機なども災いして昇格が遅れるという苦い経験を有している。そのうえ、激しい営業競争や出世競争を繰り広げてきた同僚の数が他の世代よりも多く、その大量の同僚たちが一斉に「セカンド・キャリア」に突き進むとなれば、需要と供給のバランスが保たれるわけがない。

転籍に向けたみずほの「たそがれ研修」では、「まちがっても銀行的な『上から目線』の態度はとらないように」といったアドバイスを聞かされるという銀行員によれば、「銀行にばかり頼っていたら、いい職どころか、なかなか転籍先が見つからないかもしれない」と思うようになったという。また、こうした考え方は「決して自分だけではない」と言い切り、「実際に人材サービス会社に登録して自ら新たな仕事探しに向かう人たちの中にはいろんな人がいて、「自分の能力からすれば自力で第二の就職先が決まる」と胸を張る自信家から、「会社に任せておいても、結局いつまでも決まらず、最後は解雇になるかもしれない」と嘆く悲観派まで、さまざま」のようだ。

いずれにせよ、彼らは満足できる転職先が見つかれば退社し、自発的な「自然減」

となるわけだが、この話にはまだ続きがある。早期退職年齢に達すると順次、「セカンド・キャリア」に入るという銀行本部の思い描いたシナリオでは、予期していなかった気配が感じられるようになってきたという。大量の人員削減という「寝耳に水」の話を聞いた若手世代の間でも、転職先探しに動く向きが出始めたのだ。

転職は「若ければ若いほうが有利」とされるだけに、一度、いまの職場に将来的な不安を抱けば、迷いなく行動に移す若手が出てきても不思議ではない。機を見るに敏な優秀な若手ほど、いち早く転職していくだろう。若手世代の流出という、銀行本部が意図していなかった「自然減」によって、銀行は組織として〝メルトダウン〟しかねない事態にまで達しているのだ。

そんな危うい雰囲気を察知してか、その後、銀行本部から支店長宛てに「営業店行員が動揺しないように、自然減にとどめることも含めて、今回の構造改革をきちんと説明するように」という主旨の通達を出したメガバンクグループもある。

通達を受け取ったある支店長は、怒りを込めてこう語っている。

「俺たちにとっても今回の人員削減は唐突な話であり、どうして？　という気分だ。それでいったい、若いヤツらに何をどう説明しろというのか」

そういいたくなる気持ちは、わからないでもない。なぜなら、こう語気を荒げた支店長たちこそ、真っ先に〝人員削減リスト〟に名前が上がる運命にあるからだ。

一貫して営業職に従事してきた40歳代の銀行員も、悲観的とも自虐的ともいえる心情を吐露する。

「人員削減が欠かせないほどの状況なのに、はたして『自然減』だけで済むのかどうか」

彼は現下の厳しい環境が続く限り、最終的にはリストラに踏み切らざるをえないのではないか、という気持ちでいる。バブル崩壊後の金融危機を機に、退職金の上乗せによる退職勧奨制度が導入された際、説明を受けに行く寂しげな上司の後ろ姿を彼は目の当たりにしている。あの光景が再び繰り返されるのかと思うと、不安は募るばかりだという。

こんな状況では、もはや落ち着いて地に足の着いた銀行業務など、できるわけもないだろう。

これからの銀行の姿

一方、メガバンクの一連の改革では、旧式のビジネスモデルの刷新が併行して実施されていく（業務プロセス改革）。そのエッセンスは、デジタル技術を活用した業務効率化（省力化）であり、三菱ＵＦＪ、三井住友の両グループが削減人員数を前面に出さず、「業務量の削減」という表現を用いているのは、そのためだ。すでに業務改革に着手している唯一の銀行、三井住友を例に挙げて説明すると、「はじめに」で紹介した中野坂上支店がまさにそのモデルである。

通常、銀行の支店では、窓口でのカウンター対応をフロント、その後方で行う事務処理をバックと呼んでいる（かつては、後方事務を打ち込みとチェックに分け、それぞれミドル、バックと呼んでいたが、いまは、フロントとバックの二体制をとる銀行が少なくない）。

たとえば預金の引き出し、振り込みなどの顧客対応の場合、まずカウンターで通帳と所定の記入用紙（顧客が記入、印鑑を押印したもの）を受け取り（フロント）、次にカウンターの後方に控える行員たちが、押印された印鑑が届出印と同一か、通帳や記入用紙に間違いがないかなどをチェックする（バック）。

チェックに際しては、銀行の事務センターに登録されている印鑑と、所定用紙に押印された印鑑が同一であるかを見定めなければならない。所定用紙に記された金額、口座番号なども、それをチェックした後方の行員たちがパソコンのキーボードに打ち込んでデータを事務センターに送信し、事務センターのチェック内容が戻ってくるのを待つという作業手順になっている。いずれも、かなり人力に依存した作業だ。

ところが、三井住友の中野坂上支店では、カウンターの後方にいるはずの行員の姿がなかった。業務プロセス改革を通じて、バックと呼ばれる店舗内で事務業務を担う行員は事務センターに集約され、そこで集中的かつ効率的に事務業務を行っているからだ。

また、これまでバックを受け持っていた行員の一部は、フロント（顧客対応の営業職）への転向の対象となる。軍隊に置き換えれば、後方の支援部隊を最前線の攻撃隊へと配置換えするような話である。筆者がはじめて三井住友の中野坂上支店に足を踏み込んだとき、そこがいったい、何の店舗であるのかがわからなかったのは、こうした業務プロセス改革に伴い、店舗内のレイアウトも銀行とは思えないほどに様変わりしていたからであった。

この様変わりを実現させたのが、デジタライゼーション（ビジネスのデジタル化）である。三井住友はいち早く、ＳＴＰ（Straight Through Processing）という、電子化されたデータを事務センターに直接送信し、最終処理の過程まで一気通貫でもっていくＩＴ技術を導入した。店舗で行ってきた一連の事務作業を事務センターに集約させることができたのは、このSTP技術の成果である。

どうやって人員を圧縮するのか

もう少し具体的に説明しよう。

フロント（顧客対応の営業職）は、顧客が口頭で伝えたとおりに、その場で口座番号、金額の情報をキーボードで打ち込み、顧客はその内容にまちがいがないか、店頭のタブレット端末などでチェックするだけでいい。もはや顧客自らが所定用紙に記入する必要はなく、印鑑もやはり所定の画面に押し付けると印影はデータ化されるので、朱肉を使わなくてもいいことになる（もちろん、印鑑に残った顔料をふき取る作業も不要）。

すべてのデータが支店から事務センターに送信されると、コンピュータシステムが瞬時に口座番号、登録されている印鑑の印影と照合するので、ほぼリアルタイムで作業が完了する。こうした方式によって、店舗内の顧客カウンターの後方に数多くの事務行員を配置する必要がなくなるため、中野坂上支店では、その分のスペースを顧客フロアに変えた。広々とした顧客フロアで店舗の全行員が相談業務などの顧客対応に従事することになる。

また、ＩＴ技術が導入され、省力化が進んだ事務センターでは、事務行員、あるいは、派遣、パートなどの非正規職員の数も大きく抑制することが可能だ。同時に、営業現場では早期退職制度のフル稼働で若返りも進んでいく。その結果、若手行員が昇格していくわけだが、管理職的な仕事はＩＴ技術によって軽減されており、彼らはむしろ、営業の中核的な存在としての活動が期待されることになる。

営業店だけではなく、本部でもＩＴ技術の活用による効率化を進め、業務量の削減をめざしている。事務業務など直接的には収益を生み出さない部門が、人件費を吸収できない〝コストセンター〟と称されるように、本部もまた、本店営業や投資などを担っている現業部門を除けば、その多くが〝コストセンター〟である。役員なども当然、それに見合った責任をきちんと果たさないのであれば、何も果実を生み出さないコストの塊である。

それはともかく、他のメガバンクよりも先を走り始めている三井住友銀行は、ＡＩを搭載したＲＰＡ（Robotic Process Automation）による本部事務の自動化を２０１７年上期にすでに完了させている。同年上期だけで40万時間の業務量を自動化したが、この業務量を行員数に換算すると２００人分である。２０１９年度には業務量３００万時間（1500人分相当）以上の自動化が実現できるとされ、それに伴い、本部で働く行員を2019年度末までに営業部門へ配置換えする方向にある。

ちなみに、2017年度中にRPAによる自動化を果たした業務分野としては、コンプライアンス、リスク関連や顧客宛ての運用報告書資料の作成などの営業店サポートなどがある。従来、これらの作業は人手に依存していたが、RPAの導入によってその分の業務量が減り、人員削減が可能となった。

三菱UFJでも、RPAを2013年度から試行し始めており、2017年度下期に取り組みを本格化させた。同年度中に100件超の業務を自動化し、2023年度には最大2000件の業務を自動化させる計画である。これらによって削減される業務量は9500人相当分であり、6000人規模の削減と3500人分に相当する業務量削減の実現をめざしている。やはり、事務業務や本部業務の行員たちを配置転換させ、富裕層取引などの成長分野の強化を果たしていく方針である。

みずほグループはRPAという名称を打ち出していないが、この考え方に違いはないだろう。

いわば、営業力強化に向けた総力戦のような態勢が組まれていくわけである。

浮いた人材をどう使うか

銀行の事務業務は、収益を稼ぎ出す営業部門をサポートする重要な役割を担ってきた。それ自体、利益を生み出すことはないが、「的確な事務作業は銀行の品質を決定する」といわれ重視された。したがって、いくら直接的に利益を生み出さない〝コストセンター〟であろうとも、銀行は事務業務を疎《おろそ》かにすることはできなかった。

ところが、銀行を取り巻く経営環境は非常に厳しい。もし景気の循環論のような浮き沈みが原因であれば、景気が回復するのをじっと待っていればいい。しかしいま、銀行業界が直面しているのは、構造的な地盤沈下である。「事務の品質」を維持、向上させながら事務部門のコストを引き下げていくしかなく、それは過去の発想に基づく限り、まず解決不能な難題だった。

しかし、デジタライゼーションはその前提を覆し、不可能を可能にしたわけである。STPもそうであるし、印鑑の印影をそのまま電子化して伝送するイメージ・ワークフローと呼ばれる技術もそうである。さらにAIを搭載した臨機応変の事務処理システム、RPAを活用することによって、営業店舗内の事務量を圧倒的に軽減し、さらに事務センターの処理もより一層効率化される日も遠くはない。

そうなれば、「事務の品質」の維持どころか、さらに向上させながら事務コストを抜本的に圧縮していくことが可能となる。そこで、浮上するのが、前述したように業務量の削減で生まれた余力を営業部門の強化に振り分けていくという戦略である。

これは見方を変えれば、〝潜在的な収益〟を生み出す方法であるともいえる。三菱UFJを例にとると、実際に業務量の削減規模に相当する9500人を減らせば、たしかに人件費の削減効果は大きくなる。しかし、三菱UFJが減らす業務量9500人分のうち、人員削減にあてるのは6000人（自然減）であり、残りの3500人分に相当する新たに生み出された〝余力〟は、富裕層取引などの成長分野に投入して利益を生み出そうとしている。現有勢力の持つ潜在力を顕在化させて収益貢献させるわけだ。

三菱UFJのように人員数を明確に示していないものの、三井住友でも「4000人の業務量削減」はそのまま実際に人員が減ることを意味するわけではなく、戦略事業分野への人員再配置、営業力・企画力の強化に充当し、さらにいえば、時間外労働の削減などの経費圧縮も含めて収益向上を図るとしている。

みずほは「人員数の適正化」を第一に掲げている分だけ、三菱UFJ、三井住友とはやや異なるものの、総人員を圧縮するなかで、営業部門であるフロントの比率を2017年3月末の38％から45％に引き上げる計画を打ち出している。やはりめざすのは、人員縮小のなかでの営業力アップということになる。

営業力強化の戦略意図は理解できる。なにしろ銀行は、一般企業の営業利益に相当する業務粗利益が減退している。営業収益（売り上げ）も落ちており、単に利益対策としてコスト削減するだけであれば、縮小均衡に陥りかねない。したがって、営業力を強化して、売り上げレベルからの増強を図り、拡大均衡に向かうという考えとなるのだろう。

配置換えの落とし穴

しかし、このように絵を描けても、実際に実現するのは容易ではない。そこで、まず、成長分野とは何かを考えてみると、前項でも触れた富裕層取引があげられる。富裕層の定義は定かではないが、日本の場合、資産5000万円から1億円以上を持つ人が、銀行など金融機関の定義する富裕層だとされている。もちろん、それをはるかに超えるリッチ階層もいるものの、この階層には商業銀行の出番はほとんどないといっていい。高度な専門知識を有しているプライベート・バンカーの領域である。

したがって、プチ金持ちが商業銀行の顧客対象となるわけだが、それでも、このビジネスには相当な専門知識と経験が必要である。しかも、顧客から信頼されるような人柄も求められる。銀行名が印刷された名刺を出せば、即座に信頼されるというわけではない。加えて、すでに富裕層の争奪戦は激化の一途をたどっている。銀行のみならず、信託銀行、生命保険会社、証券会社などが一斉に営業攻勢を展開しているのが、富裕層取引の領域である。そんな競合が激しい領域に、にわか勉強した程度の人材を投入したところで勝ち目などあるわけがない。

そこで早晩、銀行内で起きうるのが、前代未聞の大規模な配置換えである。事務部門で創出された余力人員をそのまま、成長分野にシフトさせるのではなく、まずその人材に適した部門へと異動させ、その異動先で働いている成長分野に適した人材を成長分野に投入していくという、いわば、玉突き人事が起きる。それが数千人規模で発生するとなれば、大混乱となってもおかしくない。

あるメガバンクグループの人事担当者は、「人材不足で苦しいやりくりしてきたことを思えば、余力を生かせるというだけでもありがたい」とやる気をみせるが、はたして、そんな人事部の思惑通りに物事がスムーズに進んでいくのかどうか。少なくとも、そうした情報を耳にした一般行員たちの間では戸惑いも広がっている。支店で中小企業回りをしてきた中堅行員はこう訴える。

「銀行員は転勤族だから、異動はつきもの。それは覚悟している。しかし、まったく自分が想定していなかった分野に異動させられるとなれば、これまでのキャリアが活かせず、一からのやり直しになってしまう」

過去の経験を無視するかのような異動に対する、不安に満ちた発言である。当然ながら、不安が現実となって仕事がうまくいかず、脱落する人も出てくるだろう。激しい変化の動きにふるい落とされてしまうパターンである。

そもそも配置換えは一言で語り尽くせるほど単純な話ではない。事務部門を担ってきた行員がそのまま、営業部門でも通用するとは限らない。もちろん、社員の潜在能力を引き出すことは企業の役割ではある。しかし、人間には適性というものがあり、いくら事務作業ですぐれた実績を上げていた人でも、営業部門では活躍できないケースは十分あり得る。

ましてや、いずれの銀行もリテール業務分野における成長市場と位置付けている富裕層取引は、これからの銀行の行方を左右する重要な主戦場だ。業務量削減によって創出された事務部門の余力を、単純に富裕層取引分野にシフトさせるというのは、あまりに荒唐無稽だろう。

そこで、メガバンクグループが今後、注力していこうとしているのが、研修体制の強化である。なかでも、一連の改革レースで先頭を走っている三井住友は、ここでもすでに一歩先んじている。ただし、同グループの場合、三菱ＵＦＪのように富裕層取引の強化を前面に打ち出しているわけではない。事務部門や営業店のカウンター業務にあたってきた行員たちを、積極的な営業戦力にシフトすることをめざしているからだ。

いわば、預金解約や各種の手続きの変更届などに対応していた人材を、投資信託などの運用商品を積極的に提案する仕事に振り向ける。そのためのロールプレイングなど研修プログラムを作成し、すでにそれらは動き出している。

このようなアプローチではなく、一足飛びに成長分野に人材投入したり、あるいは、短期間のうちに玉突き人事を強行したりすれば、営業現場の銀行員の間には戸惑いと混乱が誘発されるにちがいない。戸惑いが広がれば、早期退職の動きをみて前途を悲観し、やはり、転職を決断する人たちが増えかねない。

さらにいえば、営業力強化という方針が確実に果実を生み出せなければ、銀行は結局、収益ダウンに対応してコスト削減をさらに拡大せざるをえなくなるだろう。いうまでもなく、人員削減の上乗せである。「セカンド・キャリア」に向かう早期退職年齢は引き下げられ、人員削減幅が拡大されていく。

本章で述べたように、現時点でもすでに転籍先は先細りつつある。このうえ早期退職者が上乗せとなると、銀行独特の「セカンド・キャリア」システムが実質的に機能不全に陥りかねない。そうなれば、上乗せ退職金による希望退職へと形は変わっていくのは必定だ。「退職金を上乗せするので、次の仕事は自分で探してくれ」という話である。

ここまでくると、日本の銀行でもついにリストラ時代に突入したという事実が明確に浮かび上がる。続く第3章では、邦銀に襲い掛かるさらなる環境変化の詳細とともに、金融の分野で先行する米国の銀行の驚くべき事例をレポートする。

第3章　米銀の現状に見る邦銀の未来

――支店長の年収は激減

銀行業界を脅かすフィンテック・プレーヤー

２０１７年11月に打ち出した一連の戦略について、三菱ＵＦＪは「事業変革」と位置付け、三井住友は「業務改革」と呼び、みずほは「構造改革」と謳っている。それぞれ名称こそ異なるものの、デジタライゼーションの活用によって業務上の効率化を実現し、リテール業務分野を中心に人員圧縮を進めてスリム化をはかる、という目的は共通している。これは老朽化したビジネスモデルの重さに耐えきれなくなったためであり、銀行の収益力が先細るなかで、同じコストボリュームであってもそれを支え続けることが厳しくなったということだ。

一方、変革なり改革なりによって創出される削減規模は、繰り返しになるが、三菱ＵＦＪの場合、２０２３年度までに９５００人分に相当する業務量であり、６０００人程度の自然減を生み出す。三井住友は２０１９年度までに４０００人相当の業務量である。一方、みずほは２０２６年度までに１万９０００人の削減を明確に打ち出したが、それはやはり、採用抑制、早期退職による自然減としている。

戦略の方向性は同じでも、ゴールまでの期間と削減規模が微妙に異なっているのは、3つのメガバンクが直面している事情と課題を反映した結果である。

はたして、各グループが定めた期限と規模で人員削減は終わるのか。たとえば、みずほは「10年間1万9000人」という今回のビジョンを実現すれば、人員削減にピリオドが打たれるのだろうか。

この疑問の解答らしきものを先にいえば、「そのような保証はどこにもない」ということになる。少なくとも、株式会社形態で株式を上場している銀行は収益確保の観点から、これからもスリム化圧力を受け続けることが予想される。

その最大の理由は、競争条件の変化である。競い合うライバルは他の銀行か、あるいは証券会社かという競争形態はすでに過去のものとなっている。いまや、強敵は同業の銀行でも証券会社でもない。フィンテック（金融とIT技術の融合）を活用して金融分野に参入してきた、新たなプレーヤーたちである。銀行と同じサービスを低廉なコストで提供し始めた彼らフィンテック・プレーヤーは、スマートフォンのアプリなどを利用した操作で、送金などの資金決済から資産運用までも対応する。安くて利便性が高いとなれば、それだけに着目している利用層が銀行を利用し続ける必要性はなくなる。

ITが苦手で、いまだにスマホではなく、ガラケーの携帯電話を使っているような高齢世代には、やはり「銀行の窓口に行かないと安心できない」という人が少なくない。しかし、すでに若者世代や壮年世代の視線は、銀行窓口からスマホ利用へと着実にシフトしている。

電車内の風景を眺めればおわかりの通り、ほとんどの人たちがスマホの画面を見つめている。その延長で考えれば、忙しい合間を縫ってわざわざ銀行に足を運ばなくとも、電車のなかで余裕のあるときにスマホでささっと送金（振り込み・振替）などをしてしまったほうが、効率がいいのは明白だろう。

そのような〝手軽さ〟に慣れた人たちにとって、もはや銀行は必要性の乏しい存在と化しており、こうした現象をフィンテック先進国では、「Ｂａｎｋ ｔｏ Ｂａｎｋｉｎｇ」と呼んでいる。金融サービスは必要ではあるが、必ずしも銀行が必要であるというわけではない、という意味である。なぜならば、銀行でなくても、フィンテック・プレーヤーたちがＢａｎｋｉｎｇ、すなわち、金融サービスを便利で安く提供しているからである。もちろん、銀行も同様のサービスを提供することによって劣勢を挽回しようとするが、新たなライバルは次々と現れてくるだろう。

こうした動きは、欧米諸国では2010年ごろから本格化していた。ところが、わが国では、欧米で進展著しいフィンテックに対する関心が乏しく、それを認識していても、あたかも対岸の火事のように眺めているだけ。まさに欧米から周回遅れのランナーのような状況に安住していた。

そんなフィンテック後進国のわが国にも、ITの波が静かにやってきたのが2014年ごろのことである。しかし銀行業界は、先進的なIT技術導入の象徴として人型ロボットを本店フロアに配置し盛大な記者会見を開くなど、進歩的な経営とは裏腹な話題作りに終始するばかりだった。

当然のことながら、そんな牧歌的な局面が長続きするはずもなかった。新たなIT金融技術を掲げ、欧米で猛威を振るっていた新勢力＝フィンテック・プレーヤーは、既存の銀行業界を侵食する破壊的攻撃者《ディストラクティブ・アタッカー》であり、そんな彼らが日本国内に〝上陸〟すると、あっという間に銀行業界を駆逐しかねない存在にまで、急成長を遂げたからだ。

銀行が焦る理由

フィンテックの領域は幅広い。インターネットを活用した決済・送金サービス、金融商品の選定や売買、ポートフォリオの構築などを自動で行ってくれる「ロボアドバイザー」による資金運用アドバイス、家計簿サービスを通じた個人資産管理の支援などのほか、ビットコインなどの仮想通貨もその一種に含まれる。

しかも、個々のフィンテック・プレーヤーたちは急速な進化を遂げていて、たとえば電子商取引（eコマース）の運営サイト構築を営むベンチャー企業と、スマホで家計簿ソフトを提供するベンチャー企業が提携し、電子商取引サービスとクラウド型の家計簿サービスを組み合わせたサービスを提供するところもある。要するに、あなたがネット上に店を開いて商品・サービスを提供する際、その本業支援だけでなく、財務サービスも受けることもできるわけで、そこに銀行が入り込む余地はほとんどない（詳しくは後述する）。

そもそも、わが国の銀行業界は新勢力の萌芽に無頓着すぎた。これは、国が資格を与えた認可業種として長らく守られてきたことと無縁ではない。同じ銀行との規模の競争ばかりに躍起になり、銀行以外のプレーヤーを競争相手として捉えてこなかった。仮に意識したとしても、せいぜい証券会社までだった。

その体質が露見したのは、フィンテック問題が初めてではない。たとえば１９８７

年、セブン-イレブンが公共料金の収納代行サービス事業に参入してきた際もそうだった。コンビニによって自身の領域が侵されかねないという危機感が銀行側には乏しく、むしろ公共料金の振り込みのために支店を訪れる顧客が減れば、窓口対応の煩雑さがいくらかでも解消する、というような歓迎ムードさえ漂っていた。

いまから考えると大らかな時代だった。

たしかに当時、銀行の支店にはいまをはるかに超える来店客数があり、待ち時間の長さが銀行の〝顧客志向の欠如〟の象徴として批判の的になっていた。要するに、振り込み手数料の獲得よりも、待ち時間の短縮のほうが優先課題だった面がある。もちろん、一般大衆＝マスリテールを大切な顧客とみていなかったことも否定できない。粗末に対応しても、「個人顧客の銀行離れなど誘発するわけがない」という思い上がりがあったのかもしれない。

いずれにしても金融の制度上、もし銀行の顧客がコンビニの窓口で公共料金などを現金で支払ったとしても、結局、コンビニ会社から公共料金支払先である電力会社などの口座には、銀行間で最終の資金決済が使われる。この聖域が侵されるわけではないのだから、たかがコンビニの公共料金収納代行サービスに目くじらを立てる必要はない――。これが当時の銀行側の代表的な考え方だった。

しかしこの時、銀行は重要なことを見落としていた。顧客の利用がコンビニにシフトしたことによって、公共料金を滞りなく支払っているか、それとも滞納しがちになっているのかという個人や企業の信用情報が、いっさい入らなくなったのである。銀行が入手できるのは最終決済の部分のみ。すなわち、コンビニ会社から電力会社などへの送金に関する指図情報だけになった。

そもそも銀行にとって、個人、企業の信用情報はローン審査の際の貴重なデータのはずだった。にもかかわらず、窓口業務の負担軽減にばかり目が奪われ、審査のためのデータベース構築という発想をどこかに忘れてしまったのである。

もっともこの頃、データベースの重要性という発想は、銀行業界にはほとんど存在していなかっただけに、責めることはできないかもしれない。ただし、今は当時と事情が大いに異なる。IT技術がはるかに進展したこともあり、データベース構築とその活用がマーケティングやローン審査に重要であるという認識は深まりつつあった。

ところがその矢先、データベース構築の面で銀行よりも素早い動きのフィンテック・プレーヤーが台頭してくると、コンビニの公共料金収納代行サービスの時と同じ構図で、しかも数段深刻なレベルで銀行はその存在意義が問われる事態に直面してしまった。それもふと気がつけば、相手がいつの間にか進めていたという状況であり、銀行業界は深刻さを認識しているがゆえに、焦りと不安を相当募らせている。

銀行ビジネスの本丸も落城

ひとくちにフィンテックと表現されてはいるものの、その活動領域は想像以上に広い。一見、地味で素人目にはわかりづらいビジネスまで含めて、最新鋭のＩＴ技術によってビジネスの効率化を実現しているのが、フィンテックの最大の効力といえる。そのひとつが、これまで述べてきたような、顧客の利用情報をデータベース化し、ビッグデータとして活用するビジネスである。

たとえば、ｅコマースの運営業者による「トランザクション・レンディング」と呼ばれる企業向け融資事業をご存じだろうか。ｅコマースのネットワーク上に店を開いた加盟店が運転資金の調達が必要となった際、銀行ではなく、ネットワークの運営会社が融資を実行するのが、トランザクション・レンディングである。

ｅコマースに加盟して、そのネット上で商品を販売しているのが加盟店主である。

顧客はネット上に設けられた加盟店の店から商品を選んで購入する。その際の代金支払い方法のほとんどは、クレジットカード決済である。これをネットワーク運営会社自身がクレジットカードを発行して決済サービスを提供したり、あるいは、決済代行会社という立場となって、他のクレジットカード会社の事務を受託する形でサービス提供したりしている。もとよりクレジットカード決済は、顧客の代わりにとりあえずカード会社が加盟店に代金を立て替え払いするしくみなので、クレジットカードを発行、またはクレジットカード会社のデータ処理を代行しているネットワーク運営会社には自ずと、顧客の詳細な購入履歴、裏返していえば、加盟店の売り上げに関する細かい情報が蓄積されていく。つまり、運営会社はその情報をみれば加盟店の商売がうまくいっているかどうかを把握できる。この数ヵ月、売り上げが急減していれば、商売は不振気味という見方ができるわけだ。

その情報を蓄積してデータベース化すれば、加盟店の業容をより精緻に分析することができるようになる。要するに、加盟店の融資審査が可能になるわけである。さらにＡＩを活用して解析すると、加盟店審査の精度は一段と向上する。じつに合理的なモデルといえよう。

こうしたビジネスが楽天、ＧＭＯペイメントゲートウェイ等々、ｅコマースを運営する事業者の間で着々と根を張り続けている。もちろん、銀行業界がこの事態を警戒していることはいうまでもない。たとえば、メガバンクのリテール業務担当者は悲観的ですらある。「一度、ｅコマースの加盟店となれば、我々がローン参入する余地はほとんどなくなる」からだ。

先に紹介した、コンビニによる公共料金などの収納代行サービスも、次のステージに突入している。スマホ操作によって、地方税などの支払いをクレジットカード決済で済ませることが可能なサービスを、フィンテック・プレーヤーが開始しているのだ。このビジネスによって公共料金だけでなく、納税に関する利用者の情報も、フィンテック・プレーヤーは蓄積していく。やがて彼らが開始するのは、そのデータベースを活用したローン審査であることは容易に想像がつくだろう。トランザクション・レンディングはネット上の加盟店向けローンだが、こちらは個人向けローンである。

個人に無担保融資する際、重要なのはその人の返済能力が十分であるかどうかという問題だけではない。きちんと返済していくような、真面目な人柄であることも重要となる。この点、税金の納付状況はきわめて有効なチェックポイントである。滞納することなく、きちんと納税している人はローン返済も着実であると予想でき、一方、滞納しがちな人はローン返済も滞る可能性があるという判断が成り立つからだ。

このようにして、フィンテック・プレーヤーたちが請け負っている地味な決済業務はそこから蓄積できる情報の活用を通じて、銀行ビジネスの本丸ともいうべきローン分野への本格的な進出の足がかりとなっていく。

この構図で明らかなように、銀行とフィンテックの関係は顧客を「奪われる立場」と「奪う立場」にあり、だからこそ、「Ｂａｎｋ　ｔｏ　Ｂａｎｋｉｎｇ」という言葉がフィンテックベンチャーたちの集積地であるシリコンバレーで敵陣に攻め入る際の掛け声のように叫ばれ、伝統的な銀行業では危機感をもって受け止められているわけだ。

米銀「リストラ」の理由

それではここで、米国の銀行業界がこの10年余りの間、どのような状況にあったのかを探ってみたい。なぜなら、２００８年のリーマン・ショック後の、米銀の生き残

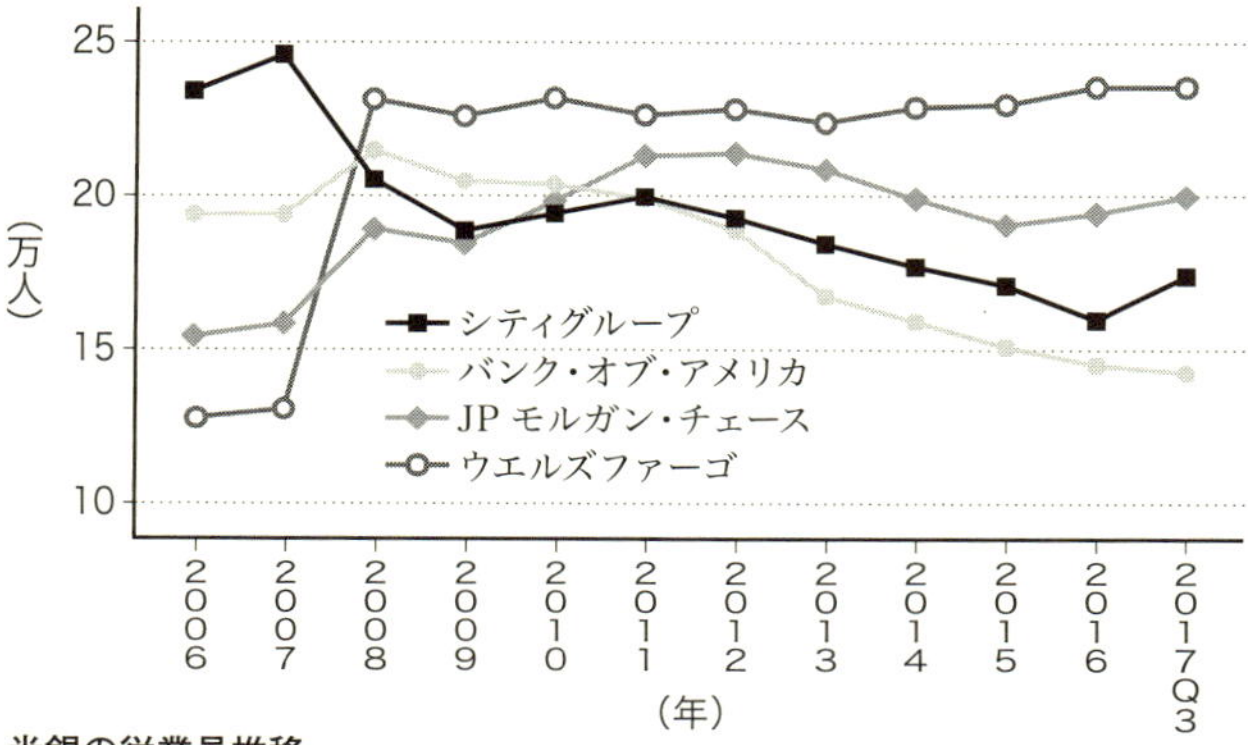

米銀の従業員推移

りをかけた必死の店舗戦略が、わが国の銀行業のこれからを予測するうえで非常に参考になるからである。

米国を代表する4つの銀行グループをピックアップして、その従業員の推移を追ってみた（図）。ただし、これは銀行持ち株会社ベースのデータである。したがって、米国内の商業銀行単体の数字ではなく、全世界ベースで、しかも、証券子会社なども含まれていることを予《あらかじ》め断っておく。

4つの銀行グループとは、シティバンクを擁する「シティグループ」、バンカメと呼ばれている「バンク・オブ・アメリカ」、「JPモルガン・チェース」という3つのメガバンクと、スーパーリージョナルバンク（広域地方銀行）の雄

「ウエルズファーゴ」である。

本論からは少し逸れるが、まず注目したいのは、その規模である。同じ持ち株会社(フィナンシャルグループ)という基準でとらえると、日本最大の三菱ＵＦＪフィナンシャル・グループですら、２０１７年3月末時点の従業員数は11万５２７５人であり、これに有価証券報告書に記載されている「平均臨時従業員数」を加えても14万４３７５人である。同様に、三井住友フィナンシャルグループは７万７２０５人・９万３１７０人、みずほフィナンシャルグループは5万９１７９人・７万９３９８人である。

三井住友は傘下にリース会社を含んでいるが、三菱ＵＦＪ、みずほはグループ外に置いているなどの相違点があり、３グループの人員規模を単純に比較することはできない。しかし、そのような問題はここでは枝葉末節に近い。とにかく、先に掲げた図のように、最大23万人超も擁する主要米銀グループと比べると、わが国のメガバンクは「本当にメガバンクなのか」と疑問を抱かずにはいられないほどに規模的な格差が生じている。米国拠点で長らく働いていたメガバンクグループの幹部が帰国後、３つの大手銀行グループを「メガバンクグループと呼ぶことにかなり躊躇《ため》ら躇《》った」というのは無理のない話であるほどの日米格差である。

そのような巨大銀行のなかで、店舗改革の第一波といえる変革の動きが起きたのは2003年ごろである。この背景には、インターネットバンキングの急速な普及があった。しかし、なぜ、インターネットバンキングの普及がよりよい店舗作りを促すことになったのか。

米国は小切手社会である。大きな金額の支払いは小切手発行で行われている。対面であれば、その場で相手に小切手を切って渡すが、遠隔地の相手の場合には、小切手を郵送するしかなかった。

そこに変化が訪れた。IT技術の進歩が及んで、実物の小切手をわざわざ郵送しなくても、小切手をスキャンしてイメージ処理をしたうえで伝送しても決済ができるように法律が整備された。これを受けて、銀行は「オンライン・ビルペイメント」サービスを開始した。

これを契機に、インターネットバンキングの利用が急速に広がったのだが、その反動も大きかった。銀行の有人店舗への来店客が激減してしまったのだ。これは銀行にとって由々しき事態だった。米銀の店舗戦略に詳しい日立製作所金融ビジネスユニット事業企画本部の長稔也・シニアエバンジェリストは当時の深刻な状況をこう説明する。

「銀行は相談業務、アドバイザリー業務こそ収益源であり、これらはFace to Faceの顧客対応で成り立つ。しかし、当時の米銀は顧客の来店が減ったため、顧客とのリレーションシップを深掘りする機会を半ば失いかけた」

以後、米銀が動き出したのはオンラインという非対面チャネルの充実と、対面の店舗チャネルの見直しという二正面作戦だった。後者の対面チャネルの見直しでは、たとえば、店舗の次長クラスが総合受付に立って顧客対応し、用件を聞いて、それに対応するゾーンに顧客を案内するというようなしくみが導入された。これによって、顧客は店舗内でどこに行けばよいのかなど戸惑うこともなく、手続きもスムーズに行えるようになった。

こうして、たしかに顧客の来店は回復したのだが、米銀が安堵できたのは束の間のことにすぎなかった。2006年から2017年9月までの約11年間が、米銀のみならず、世界中の金融業にとって波乱の局面の連続となったからだ。もちろん、サブプライムに象徴される狂乱と、その崩壊の象徴である2008年9月のリーマン・ショック、そしてその影響によって強いられた厳しい経営環境である。さらにいえば、2016年中盤以降は景気回復に伴って「米銀復活」のドラマが演じられつつあり、まさにジェットコースター並みのアップダウンである。

大きな環境変化は、4つの有力銀行グループに多大な影響を及ぼした。シティとバンカメは、サブプライムバブルの局面で積極展開したことを裏付けるようにリーマン・ショック直前まで従業員数を増やしており、とりわけシティは24万6000人台（2007年）という規模にまで膨れ上がっていた。

しかしリーマン・ショックの後、18万8000人台（2009年）に激減したシティとは対照的に、バンカメの従業員数はリーマン・ショックの前と後とでそれほど大きな変化はないが、これは経営悪化先を救済合併したことが影響している。リーマン・ショックの痛手が小さかったJPモルガン・チェースと、ウエルズファーゴがリーマン・ショックの年に大きく従業員が増えているのも、救済合併が主因と言われている。

ところが2009年になってバンカメ、JPモルガン・チェースの従業員が減少に転じている。〝続落〟していたシティも含め、その後、いったん回復基調に戻るのかと思いきや、2012〜2013年を境に再び漸減トレンドに入っていた。唯一、横ばいといっていいのがウエルズファーゴだ。

なぜ、米国の有力銀行グループの従業員数は、このような推移をたどったのか。この点について、野村総研のニューヨークオフィスで20年にわたり金融業を調査してきた吉永高士氏は、「同じ従業員数の減少であっても、前半期と後半期は要因が異なっている」と指摘したうえで、次のように説明している。

リーマン・ショック直後からの前半期（2009年前後）はシティ、バンカメが深刻な経営悪化を来し事業縮小に伴うリストラを拡大させた結果であり、後半期（2012〜2013年以降）はリーマン・ショックの悪影響が軽微だったJPモルガン・チェースも加わった形で、別の事情によるリストラが新たに始まった。その別の事情こそ、台頭が著しいフィンテックを含む新しいテクノロジーを活用しながら従来の業務のやり方を自動化、省力化することによる人員削減が現れ始めた結果だという。

「最新の技術革新を活用した営業店舗の軽量化によって、店舗数よりも店舗人員数や本社側支援人員の削減がこれからは早いペースで進んでいく」

その象徴ともいうべき事例が、バンカメが2013年8月にニューヨークのウォール街に第1号店を開いた、「Express Financial Center」である。意訳すれば、さしずめ「簡易な金融サービス拠点」ということになるだろう。既存店舗をこのような簡易拠点に置き換えたり、あるいは簡易拠点を新規開設したりして、物理的な店舗網へのアクセスという顧客の利便性を維持しつつ、店舗運営のために必要な人員数は大幅に削減している。

セルフ型多機能端末と店舗内デザイン

同店舗と他店舗とのいちばんの大きな違いは、ビデオ画面が備え付けられたセルフ型多機能端末（無人キオスクとも呼ばれている）を中心にサービス提供を行っている点だ。

このATMには、テレビ会議相談システムの技術が応用・導入されているため、ビデオチャットによって遠隔地のセンターにいるスタッフが「バーチャルテラー」となって、様々な取引を行うためのサポートが提供可能だ。それでも、機械操作に不慣れであったり、不得意だったりする顧客はいるものだ。そのような顧客には、営業時間中であれば店内を巡回している行員が顧客に声をかけて端末に誘導し、顧客に寄り添いながら端末の操作をサポートする。こうして間もなく顧客は端末機の操作に慣れ、次第に一人でも操作できるようになっていく。

同店舗の営業時間帯は8時から18時であり、ビデオチャットの「バーチャルテラー」は平日の7時から22時まで、週末の8時から17時まで利用できる。

訪れた客をサポートするバンカメの行員（右奥）　写真：Getty Images

バンカメは、ニューヨークの1号店に続いて、シャーロット、ボストンなどに次々と同様の店舗を出店している。こうした「簡易拠点」は、中核的な店舗に付随する、サテライト店舗という位置づけである。

店舗改革を劇的に進めているのは、バンカメだけではない。ＪＰモルガン・チェースも、伝統的なフルサービス提供の有人店舗のデザインを刷新させつつあるのだが、ここで間違えてはいけないのは、刷新した「店舗内のデザイン」の〝意味〟だろう。というのも、わが国の銀行業界でも、これに似た表現が過去に幾度となく話題となってきた経緯があるからだ。

しかし、これには雲泥の差がある。

たとえばわが国の場合、「デザインの刷新」といえば、金融商品・サービスを紹介するポスターコーナーやラックを新設したり、支店長室に高級な調度品を設置したりといった、いわば、顧客にはあまり関係のない内向きの投資であり、よくても、順番待ちの顧客が座るソファを入れ替える程度だった。

これに対し、JPモルガン・チェースのそれはあくまでも、顧客の利便性向上であり、店舗オペレーションの効率化を目的としたものである。同行は2012年、タッチスクリーン方式のセルフ型多機能端末を100店舗に導入したのを皮切りに、4年間で2000台以上を店舗に設置した。バンカメと同様、端末の機能は現金の預け入れ・払い戻し、小切手の預け入れ、送金といったATM機能のほかに、小切手交換、ATMカードの新規発行などまで広がっており、窓口テラー（窓口担当者）の担当事務を肩代わりしているといっても過言ではない。

ロビーに待機している銀行員が顧客の隣で操作のサポートを行っていくのだが、そのほかにも、店舗内に配置されているブースのようなスペース（同行ではComfort Zoneと呼んでいる）で顧客が自分のモバイル端末を操作して用事を済ませることができるようにもなっている。ここでは銀行員が寄り添ってサポートする。

刷新されたバンカメの店舗内の様子　写真：BANK OF AMERICA

もちろん、このデザイン刷新を通じて、店舗運営に必要な人員が削減されたことはいうまでもない。セルフ端末やモバイル端末の操作の際に銀行員がサポートするのも、文字通り、顧客がセルフサービス方式で操作できるようになるまでの一時的な顧客誘導のための仕掛けとみていい。いずれ顧客層に端末操作が浸透したら、店舗内に配置されている従業員数は一段と削減されても不思議ではないだろう。

じつは、近年の米国における銀行店舗の潮流をみると、バンカメの「Express Financial Center」のような「小型・軽量型店舗」が拡大の一途をたどっている。これまでは、フラッグシップ店舗とそのサテライト的な店舗の組み合わせが伝統的な構造だったが、それに加えて、新型の小型店舗などを複合的に併用することによって、むしろ、営業店舗数を漸増させているケースがめずらしくない。

この小型店舗化を支えているのが、先のセルフ型多機能端末である。ATMだけが配置されているわが国の無人店舗を思い浮かべればよいが、誤解してはならない点がある。それは、邦銀のATMよりも多機能であることだ。

かねて米銀のATMについては、「しばしば紙幣もキャッシュカードも詰まって機械から出なくなる」とその性能の悪さが話題になってきた。しかし、このセルフ型多機能端末は、そんな悪評を一蹴するなかなかのすぐれものである。「有人窓口が開いているときは、テラー（窓口担当者）が操作端末として使っている」（米銀関係者）ほどで、このセルフ型多機能端末などの導入によって、銀行への苦情の温床である顧客の待ち時間を大幅に短縮させたという。

しかも、セルフ型多機能端末はさらにIT技術を生かして進化している。前述のようにビデオチャットを通じて操作方法の説明をするほか、顧客に来店用件を尋ねるようになってきているのは、その一例である。

聖域なき削減と無人店舗の増加

　このように店舗規模の細分化と店舗内の装備は、密接な関連性を持っている。まず、店舗がどのように細分化されたのかをみると、現在、典型的な米銀のリテール店舗の区分は、次のようになっている。すなわち、個人向けフルサービスを提供する店舗としては、フラッグシップ店舗とトラディッショナル店舗がある。トラディッショナル店舗はフラッグシップ店舗のサテライト的な店舗である。個人向けの銀行取引担当者の人員数は、フラッグシップ店舗でも6～8人程度にすぎなくなっている。トラディッショナル店舗に至っては3～4名程度である。

　日本にもフラッグシップ店舗とそれに付随するサテライト的な店舗は存在しているが、大手銀行の場合、フラッグシップ店舗（母店、あるいは旗艦店と呼ぶ）は支店長をトップに40人超の人員規模であり、サテライト的な店舗でも10人以上を擁しているケースが少なくない。

　あまりにも大きい日米間の違いの理由はどこにあるのか。それは、事務セクションの有無である。本書の冒頭で紹介したように、メガバンクグループの一角である三井住友銀行が着手した事務部門を配置しないリテール向け店舗が、現在の米国ではスタ

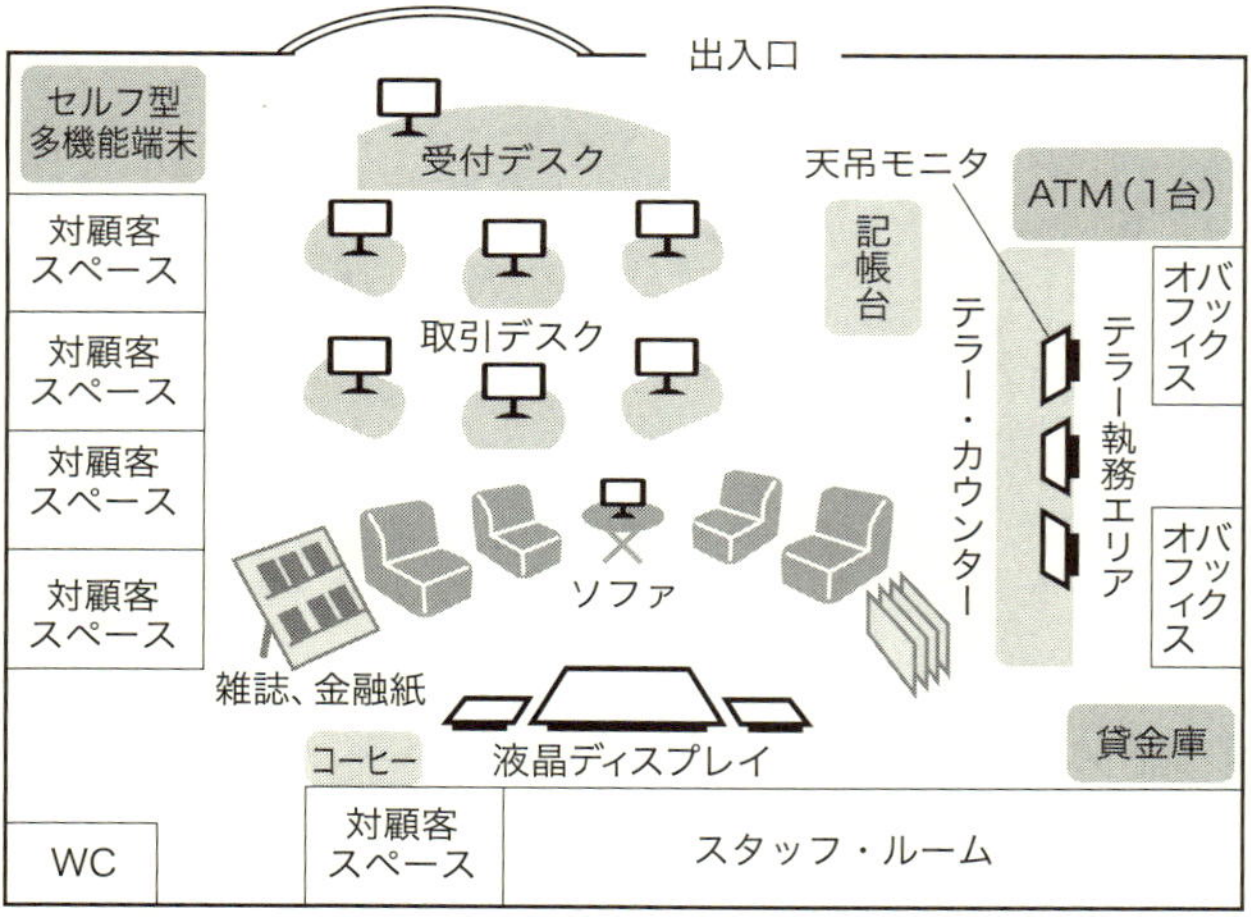

海外店舗の一例

ンダードなのだ。

しかも米国では、フラッグシップ店舗、トラディッショナル店舗と呼ばれるフルサービスの有人店舗は最近、その一部がさらに小型化・軽量化する流れにあるという。バンカメの「Express Financial Center」のように、エクスプレス店舗と呼ばれる1人から2人程度のコンパクトな店舗と、セルフ型多機能端末だけを設置した無人店舗である。

エクスプレス店舗の広さは1000〜2000平方フィート(92〜185㎡)で、もっとも小さい場合、幅、奥行きともに10メートル超程度でしかない。無人店舗は46〜92㎡であり、わが国の無人ATMコーナー程度の空間となっている。

エクスプレス店舗はおもに郊外の商業施設や都市部に設置され、トラディッショナル店舗の代替として増加中だが、配置されている人員数は0～2人にすぎない。

もちろん、米銀の店舗が従来から少人数の運営を徹底していたというわけではない。かつて店舗内では、カウンターの向こう側に窓口担当のテラーがずらりと居並び、顧客が順番待ちで行列を作るという風景が一般的だった。一時的にインターネットバンキングへのシフトが激化したとはいえ、基本的な店舗内の光景に変わりはなかった。

いや、むしろ「変えられなかった」と表現したほうがいいかもしれない。しかし、あるときから、それは「変えなければならなくなった」し、「変えることができるようになった」。変えなければならなくなった最大の理由は、2008年のリーマン・ショック後に生じた大幅な経費率の上昇（典型的なメガバンクでリーマン・ショック前の50％台前半から60％台後半にまで上昇）である。これを改善するために経費削減が必要になった。

これはリテール部門に限らなかった。削減余地が見つかれば手を付けるという、聖域なき削減といってもいい。それを可能にしたのが、デジタライゼーションだった。

終わらない効率化

米銀における最新のＩＴ技術導入に伴う業務量の削減＝人員の削減は、営業店舗などリテール部門にとどまらず、ホールセール（大企業取引や市場取引）にも及んだ。たとえば、巨額の株式や債券を売買する業務にもＡＩを搭載したロボットが導入されると、売買を執行するトレーダーに就いていた人間は機械に置き換えられる形となり、この分野でも人員削減が進展しているという。

人員削減はもともと、２００８年のリーマン・ショック後の１〜２年は経営危機から脱却するための手段だったが、その後、金融業界を取り巻く事情は大きく変わった。フィンテック・プレーヤーが台頭し、「Ｂａｎｋ ｔｏ Ｂａｎｋｉｎｇ」と声高に叫ばれるような情勢にあって、その逆風を押し返すべく、最新技術を取り入れてコスト競争力を強化する必要性に迫られたからだ。最新のＩＴ技術を導入すれば、それまで人手に依存していた業務を効率化でき、業務量を削減できる。そうなれば人員にも余力が生じ、その余力をより利益を生み出すビジネスに振り向けるか、あるいは人員削減が可能となる。

リーマン・ショック発生直後のリストラがいかに過酷であったとしても、〝ゴール〟

はあった。クビを斬られた銀行員の立場に立てば、とんでもない話だったかもしれないが、危機の後始末を終えれば、その嵐もやがて過ぎ去っていく。

しかし、IT技術の進展には限りがなく、IT技術を駆使するフィンテック・プレーヤーたちの進化も続く。銀行にとってフィンテック・プレーヤーとの戦いは〝ゴールなき競争〟であり、米銀は変わり続けるしかない。技術革新を自らに取り込み、その果実である効率化によって人員削減に邁進《まいしん》し、コスト競争力を得ていくという流れは、これからも続くということである。

もっとも、そうしたシナリオにブレが生ずることもありえる。実際、ここに来て景気回復の追い風を受けている米銀は、攻勢に転じつつある。JPモルガン・チェースは営業店舗を一挙に数百店規模で拡充する戦略を打ち出してきた。

とはいえ、これはかつての姿に戻るということではない。IT技術を駆使した、少人数で運営する新店舗のネットワーク拡充である。マクロ経済が好転しても、フィンテック・プレーヤーの脅威が緩和するわけではないからだ。

リテール分野「Consumer & Community Banking」に関するJPモルガン・チェースのプレゼンテーション資料（2017年2月28日付）をみると、同銀行が店舗改革、デジタル改革に強い手応えを得ていることがよくわかる。

「顧客リレーションの強化、デジタルチャネル顧客の拡大」を戦略目標に掲げる同銀行は2016年、個人業務、中小企業業務、不動産金融、クレジットカードなど、すべてのセグメントで増益を果たしていて、預金もローンも伸びている。その結果、カードビジネスへの投資や利ざや縮小を飲み込んで増収を実現した。2015年から2016年にかけて行ったテクノロジー投資の効果は絶大で、支店運営面では税引き前利益で5・5億ドル、デジタル改革は同2億ドルの貢献となっている。

具体的には、デジタルチャネル経由で同銀行とローン取引を開始した顧客は2012年末と比較して18％増加し、2016年の1年間では、デジタルチャネル以外のチャネルで取引開始した顧客のその後の減り方より11％も低いという。また、デジタルチャネル経由で取引開始した顧客はそれ以外の顧客と比較して、クレジットカード、デビットカードの利用率が91％も高かったとしている。しかも、それらの業務に費やされる経費はデジタルチャネルのほうが96％も低い。その効果は支店運営面で顕著に表れ、2014年対比でテラー取引（有人店舗のカウンター業務）の経費を1・3億ドル軽減、事務行員を15％削減させたとしている。

大きな成果を得た同銀行は、店舗スタッフの営業ツール刷新などの投資を継続しながら、店舗チャネル（もちろん、軽量小型店舗）とデジタルチャネルをともに強化していこうとしている。

一方、バンカメも2018年2月26日、今後の強化戦略を打ち出した。これまでリテール分野では進出していなかった大都市圏を中心に、「最新のバンキング・サービス」の提供を想定した店舗進出を行っていくという内容である。具体的には、「今後4年間で500店舗を新設」するとともに、既存の1500店舗では「新技術、家具、レイアウトで再設計」するという。これは、セルフ型多機能端末やテレビ画面の相談店舗などの導入とみてまちがいない。同銀行は、この一連の店舗強化策に伴って、5400人を超える雇用を実現するとしている。

どうだろうか。両行の事例からは、米銀がデジタライゼーションをさらに取り入れながら、デジタルチャネルのみならず、リアルの対面チャネル（有人店舗）も含めた顧客接点を拡充していく姿が浮かびあがってくる。

それでは、なぜ、リーマン・ショックの後始末のあと、フィンテックの時代が急速に訪れたのだろうか。これは単なる偶然ではなく、じつは両者は密接に関連する、連続性のある話でもあった。

破壊的攻撃者の正体

米国のみならず、欧州の銀行にもリーマン・ショックは多大な打撃を与えた。銀行業界だけに限らず、広く社会全般に深刻な不況となって影響を及ぼすなか、欧米の銀行は生き残りをかけて、前述したような大規模な人員削減を行った。

リストラされた人のなかには、デリバティブ部門、あるいはシステム部門などに従事する行員も含まれていた。彼らの一部は解雇されたあと、自らのＩＴリテラシーと金融の専門知識を頼りにシリコンバレーやニューヨークで起業に動く。伝統的な銀行が提供するサービスの欠点を熟知しており、ＩＴ技術を駆使することによってその欠点を解消し、さらにレベルアップしたサービスの開発に向かうためだった。

伝統的な銀行に勤務している間は、仮にそのようなアイデアを持っていたとしても、銀行の保守的な枠組みのなかでしか仕事はできなかった。しかし、もはや彼らの足枷《あしかせ》はなくなり、自由自在に発想し、チャレンジすることができる――フィンテック・プレーヤーは、こうした経緯で誕生し、そして急速に進化していった。

既存の銀行業界からすると、彼らは自らの領域を脅かす破壊的攻撃者であり、実際、彼らは既存銀行のビジネスを侵食し始めた。これに対して、力のある銀行は対抗できたが、相対的に顧客基盤が脆弱な銀行は単独で対抗することができず、「外部との協業」という戦略を選択する。それが銀行における新たな発想「オープン・イノベーション」であり、本来、攻撃者だった者との連携へとつながり、次第に巨大銀行までも巻き込むムーブメントになっていった。

結果、銀行内部には様々な革新的な技術が導入され、その成果としての効率化が促進されていったわけだ。煎じ詰めていえば、リーマン・ショックこそフィンテックの生みの親になったという図式になる。しかし、これだけでは説明は足りない。既存銀行は抜き差しならない、もうひとつの事情に直面したからである。

信頼を回復するために

それは、一般大衆から浴びせられた嫌悪である。

リーマン・ショックは、銀行や投資銀行が貪欲な利益追求のはてに引き起こされた〝ビジネスの破綻〟にほかならない。そのデタラメなビジネスで錬金術のように巨万の富を稼ぎ出し、経営陣は途轍もなく巨額の年俸を享受してきた。

その一方で、リーマン・ショックは金融の機能不全などをもたらし、実体経済に計り知れないほどのダメージを与えた。銀行以外でも職を失う勤労者は後を絶たず、それを回避できたとしても深刻な不況という辛苦を味わった。

にもかかわらず、危機の原因を作った張本人であり、それまで饗宴を繰り広げてきた金融業に対し、アメリカ政府は70兆円もの公的資金を投入して救済に走ったため、一般大衆はその不合理さに怒りを爆発させた。銀行業界は大衆の嫌悪の的となったのである。ニューヨークの金融街、ウォールストリートでは「金融業を許さない」とプラカードを掲げた大衆のデモが連日のように繰り広げられた。

これは、金融業にとって看過できない事態だった。とりわけ、一般大衆を顧客とするリテールバンキングビジネスを経営の柱に置いている銀行にとって、ダメージは深刻だ。顧客の銀行離れが拡大すれば、致命傷となりうるからである。

じつは、この事態こそ、銀行業にイノベーションを起こさせるもうひとつの原動力となった。銀行経営者は懸命になって、顧客の信頼回復に努めざるをえなくなったからである。顧客からの支持と信頼を回復するためには、顧客サービスを質的に向上させていく以外に方法はない。よりよい商品、よりよいサービスを、よりよい応対の仕方で提供していく――。その自己変革のために欠かせなかったのが、ＩＴ技術の積極的な導入だった。

従来の発想からすれば、コスト削減は顧客サービスの低下をもたらしがちである。過去にコストを削減して「顧客軽視の効率化」という批判を浴びた経験を持つのは何も銀行業界だけではない。それほどにコスト削減と顧客サービスレベルの向上は相反する、公園のシーソーのような関係にあるといっていい。

ところがこのとき、米国などの銀行業は新勢力と対抗するべく、競争力を高めるためのコスト削減と同時に、顧客の信頼を回復し支持を取り戻すために顧客サービスの質的な向上も迫られた。めざすのは、二律背反する二つの課題の同時解決である。

二兎を追って一兎を捉えればいいという話ではない。二兎とも捉えなければ銀行の存立基盤は危うくなりかねない。しかし、既存のビジネスモデルに基づく限り、到底、二兎を捉えることはできない。つまり、米銀はこのとき、限界に直面した伝統的なビジネスモデルを捨て去るしかなかった。古いビジネスモデルに代わるもの――それがこれまで述べてきたような、デジタライゼーションを積極的に活用した新たなモデルだった。

繰り返される自業自得

その後、実現していった営業店舗改革の過程で、有力米銀は大規模な人員削減を続けている。米国企業の場合、強化する部門と必要性が乏しくなった部門への対応は極めてドラスティックである。日本の金融機関のように、「10年を費やして強化する」とか「5年をかけて縮小していく」などというような、悠長かつ漸進的な動きは絶対にとらない。

強化する部門は買収し、必要性が乏しくなった部門は売却するという取捨選択こそが、米国流経営の真骨頂である。したがって、ここまでに紹介した人員削減には、部門を丸ごと売却することによって一挙に削減したケースも含まれている。この点は軽視できないものの、やはり、リテール部門が人員削減のターゲットだったことはまちがいない。

しかし、それを単純かつ安易な店舗削減とせず、「人員数を絞り込んだ上での小型店舗化」という戦術を選択したのは、非常に厳しい環境下に置かれても、２００３年当時のように「店舗ネットワークは重要な経営インフラである」という考え方が揺るがなかったからだ。

翻って邦銀では過去、経営悪化するたびに支店統廃合という名目で営業店舗を閉鎖したり、無人ATMコーナーに切り替えたりしてきた経緯がある。ところが、時間が経過するにつれて、「あれは失敗だった」という反省の弁が銀行内部から出てくるのが常でもあった。銀行の都合だけを優先した店舗閉鎖は、結局、そのエリアの顧客層の離反を誘発してきたからだ。いわば「銀行に切り捨てられた」という顧客感情が、逆に「銀行を見捨てる」という顧客行動につながり、その地域マーケットを銀行は喪失してしまうという自業自得の顚末である。

それに対して、少なくとも、この局面において米銀は経営悪化を来したなかでも店舗ネットワークを尊重したといえる。繰り返しになるが、一般国民、つまり顧客に嫌悪された米銀にとって、顧客の支持を回復することが何よりも重要であり、より好まれる店舗づくりこそ、苦境脱却の必要十分条件だったのである。

危機感に基づく米銀のチャレンジは、単なるIT技術の導入にとどまらなかった。とりわけ注目すべきは、店舗内における銀行員たちの働きぶりの激変だ。米銀は技術革新を取り込むと同時に、それを活用して営業店の銀行員たちの「働き方改革」を実現していたからである。

米銀の「働き方改革」① ユニバーサルアソシエイト

米銀のリテール店舗の原風景といえば、壁を背にしたテラー（窓口担当者）がカウンター越しに顧客に対応するというものだった。邦銀の店舗のように、カウンターの後方に大勢の事務行員が働いているような光景は見られず、とにかくテラーたちが並ぶというスタイルである。そして、そこに行列を作った順番待ちの来店客も事務対応に追われるテラーも仏頂面、のイメージだ。

しかし、この原風景はいまや、ガラリと変わっている。大型のフラッグシップ店舗にはテラーが配置されているものの、その数は4人程度、多くても6人である。それ以外の行員はどうしているのか——。ここに米銀の新機軸がある。

コンシェルジュとユニバーサルアソシエイトという二つの職種を導入し、顧客に対する接遇の充実化を図っている。コンシェルジュは案内人であり、「ユニバーサルアソシエイトは、いわゆる『何でも係』といった職種」（前出・吉永氏）だ。

もっとも近年、コンシェルジュは邦銀にも配置されている。以前は「ロビー係」というような名称で、おもに嘱託行員やパートの女性行員がその役割を担っていたが、呼び名の変化を反映するかのように、接遇もにこやかで好印象を与えるようになってきた。米銀が新設したコンシェルジュはそれよりも〝働き者〟である。常時、顧客ロビーに立って顧客の動きに注意を払い、来店した顧客や窓口で順番待ちしている顧客に話しかけて用件を聞き取り、セルフ型多機能端末に誘導して操作方法を説明し、用件を片付ける。

そのコンシェルジュよりさらに高い能力が求められ、セルフ型多機能端末ではカバーしきれない人的対応サービスを含む幅広い業務をこなすのが、ユニバーサルアソシエイトである。テラーよりもスキルアップした人たちであり、テラーの仕事もすれば、コンシェルジュ的な役割も担い、そのうえ、住宅ローンなどの申し込みの受付まで果たしている。確かに、店舗ロビーに立つ「何でも係」のような業務である。

要するに、テラーが受け身の事務仕事であるのに対して、ユニバーサルアソシエイトもコンシェルジュも店舗ロビーを活動の場とする営業職的な存在となっている。たとえば、フラッグシップ店舗のサテライト的な存在であるトラディッショナル店舗では、ユニバーサルアソシエイト中心の人員体制であり、顧客が順番待ちで並んでいるところにセルフ取引用のタブレット端末を手に持って用件を済ませられるよう働きかけたり、窓口の内側で伝統的なテラーの仕事をこなしたりといったように、繁忙度合いに応じて店舗内における人的リソース最適化のためのユーティリティプレーヤーとして八面六臂《はちめんろっぴ》の活動をみせる。

このほか、投資商品、保険商品などのアドバイスを提供する専門家もいる。米銀では伝統的にこれらの専門家は同一の店舗に常駐、または一人で複数店舗を担当し、顧客の予約スケジュールに基づいて相談に乗り提案を行う。彼らに対する面会予約設定はコールセンターやインターネット経由のほか、店舗ではユニバーサルアソシエイトやコンシェルジュが担う。簡易型店舗に相談スペースがない場合には、専門家が常駐または巡回する店舗に誘導する。

さらに最近では、テレビ会議によって遠隔地にいる専門家との相談を可能にした、最新型の個人向けフルサービス店舗をバンカメなどは導入し始めている。あらかじめコールセンターやインターネット経由などで面会予約した顧客は、予約日時に指定店舗の相談室にATMカードで本人確認のうえ入室し、テレビ会議画面を通じて専門家と相談を行う。こうしたテレビ会議相談が可能な店舗は、これまで既存店舗が進出していた地域における置き換えや増設のみならず、人口増が続く未進出地域への新規出店にも活用が企図されている。これまで簡易型店舗や無人店舗の増設や置き換えなどを中心に進んできた米銀店舗チャネル改革は、新たなステージに入ったといっていい。

このように、主要米銀では店舗規模を小型化・細分化しつつ、地域特性に応じた配置を行っている。その戦略からみえるのは、一つの店舗の規模ではなく、周密なネットワーク構築の追求である。これを実現させたのがデジタライゼーションの導入であり、店舗行員たちの戦力化にほかならない。その結果、一店舗当たりの収益性は向上しているという。

米銀の「働き方改革」② 銀行なのにキャッシュレス

省力化を目的とする店舗改革に挑んできたのは、2008年のリーマン・ショックで経営悪化した銀行ばかりではない。その一つがウエルズファーゴである。全米最大級の店舗ネットワークを誇るウエルズファーゴは、シティグループなどメガバンクに対して、スーパーリージョナルバンクと呼ばれる。スーパーリージョナルバンクとは、もともとリージョナルバンク（地方銀行）だったが、他州の地方銀行の買収戦略を成功させて州を超え広域化し、巨大化した地方銀行という意味である。

カリフォルニア州サンフランシスコに本店を構えるウエルズファーゴの歴史は、米国の銀行史のなかでもきわめて特異である。それは次項で言及するとして、ここでは、リーマン・ショック当時の話に戻す。

リーマン・ショックの気配が強まるまで、メガバンクは複雑なデリバティブ資産を購入し続けたが、ウエルズファーゴはそのような虚飾のビジネスには手を染めず、通常の商業銀行ビジネスに徹していた。したがって、リーマン・ショックが発生しても、同行はほとんど無傷で済み、高収益銀行の座を守り続けていた。

そのようなウエルズファーゴですら、近年は店舗改革に挑んできた。２０１３年、ワシントンＤ．Ｃ．に「Wells Neighborhood Store」という名称の新たなパイロット店舗を開設したが、ロビー面積は広くても１８０㎡程度と、同銀行が従来、フルサービスを提供してきた店舗の半分程度でしかなかった。やはり、小型化である。

店舗内にはセルフ型多機能端末だけが置かれ、デスクもワークスペースも配置されていない。行員は終日、立ち仕事が基本である。そうしたなかで、行員はタブレット、あるいはスマホを活用して、顧客をサポートしている。その際行われた取引の明細はメールで顧客に送信されるため、店内はペーパーレスになっている。しかも、現金の取り扱いはセルフ型多機能端末のみであり、いってみれば、銀行にもかかわらず、キャッシュレスに近い。したがって、店舗内には金庫は設置されていない。現金があるとすれば、端末の中だけである。

また、店舗全体が非常に効率化されているため、ロビーが一般の店舗より狭くても手狭な印象を与えない。この店舗で仕事をしている行員は数名だけ。同行は、この「Wells Neighborhood Store」を小都市への出店や大都市の店舗網の補完として広げてきている。

シティ、バンカメなどのようにリーマン・ショックで深傷を負い、しかも、世の中から厳しいバッシングを浴びた銀行がコスト削減と顧客サービスの充実に向かったというならば、まだ理解できる。しかし、ウエルズファーゴはリーマン・ショックの影響はきわめて小さく、社会的な批判が強まったわけでもない。銀行業界全体に対する批判はあったにせよ、個別に批判のターゲットになったわけでもなかった。それにもかかわらず、店舗改革に動いたという点は、意外に感じられよう。

じつは、ウエルズファーゴにはもう一つ、意外な過去があることをご存じだろうか。同行は、新ウエルズファーゴと旧ウエルズファーゴという二つの歴史を有しているのだ。

優等生銀行の巧みな戦略

ウエルズファーゴは19世紀、ゴールドラッシュの時代にヘンリー・ウエルズとウイリアム・ファーゴという二人の人物によって創設された。二人は米国大陸を横断する運送業者アメリカン・エクスプレスの創設者でもあり、つまり宅配便と銀行の合同サービスのようなビジネスを開始したわけだ。同行のシンボルマークが駅馬車なのは、こうした経緯にちなんでいる。

サンフランシスコに本店を構えたウエルズファーゴは世界恐慌などの危機をくぐり抜け、カリフォルニア州の有力地銀に成長すると、1990年代ごろからはきわめて特徴的な銀行に変貌する。ハイテクの駆使——コンピュータシステムを活用したデータベースマーケティングを戦略化し、顧客の潜在ニーズを喚起するという独自のビジネスモデルを築き上げていったのである。

その魅力を高く評価したのが、ミネソタ州ミネアポリスに本店を構える地銀、ノーウエスト銀行だった。ノーウエストは果敢にウエルズファーゴ買収に動き、それを成功させる。ノーウエストが買収銀行、ウエルズファーゴは被買収銀行である。

ところが、ここでノーウエストの経営者、リチャード・コバセビッチは、常識破りの決断をする。買収によって誕生した銀行の名前を被買収銀行のウエルズファーゴとし、さらには本店機能もウエルズファーゴのサンフランシスコのものをそのまま踏襲した。ブランド力とハイテクの本部機能を買うという、「名を捨てて実を取った」英断である。こうして、買収前は「旧ウエルズファーゴ」、買収後は「新ウエルズファーゴ」という二つのウエルズファーゴが、歴史的には存在することになった。

旧ウエルズファーゴがコンピュータシステムを駆使した「ハイテク銀行」とすると、ノーウエストは押しの強い営業力をモットーとする「ハイタッチ銀行」だった。つまり、この買収はハイテクとハイタッチの融合であり、新ウエルズファーゴは勇猛果敢な兵士を集めた軍隊に最新の武器が備わったような存在に進化した。実力が高まるにつれて、同行はその後、次々に買収を繰り返して強大化していったが、その買収のなかにはＩＴ関連会社も少なくない。さらなるハイテク銀行路線に舵を切ったのである。

これが実に巧みな戦略であり、たとえば、同銀行のホームページのサイトには学資ローンのコーナーがあり、そこには借り手の学生はもとより、大学関係者など学資ローンに関係する人たちが自由に意見を投稿できるようになっている。いうなれば、学資ローンのバーチャル・コミュニティが作られているわけである。同銀行はそこに寄せられる意見や批判を、新しいローン商品の開発に反映させているという。

そのようなハイテク銀行までも、コスト削減につながる行員数人の小型店舗路線を選択したことについては、やはり、フィンテック・プレーヤーの台頭を抜きに説明することはできない。いかにハイテク銀行であろうとも、対面ビジネスをベースにした銀行にとどまっている限り、非対面ビジネスで急発展している破壊的攻撃者には勝てないと思っていたに違いない。

ちなみに、ウエルズファーゴの一般的なリテール店舗といえば、ローカウンターで相談係が顧客の名前や口座番号などを端末に入力すると、データベースマーケティングの部門が分析した提案商品候補とその顧客の情報がディスプレイに映し出されるしくみになっているという話を聞いたことがある。テラーはその顧客情報と分析結果をチェック後、顧客に対して「あなたはこんなローンを必要としていませんか」といった提案を行っていく。

銀行業界では、同一の顧客にローン、投信、預金、クレジットカードなどの個別商品をどれほど重ね売りしたのかを「クロスセル率」というデータで表している。もちろん、クロスセル率が高いほど、その顧客の需要を取りこぼしていないことになる。この点、ＩＴ技術を駆使したデータベースマーケティングとハイタッチのセールスで、きわめて高いクロスセル率を実現していると評価されてきたのが、新ウエルズファーゴにほかならない。繰り返しになるが、そのような銀行ですら、フィンテック時代に対応した変化を迫られたのである。

そんな優等生銀行と評され、順風満帆に思われていた新ウエルズファーゴだが、実は大きな陥穽《かんせい》にハマっていた。２０１６年、営業店舗で働く従業員の不正行為が発覚したのだ。

支店長でも年収６００万～７００万円

当局の調査によって明らかになったのは、１５３万４２８０口座の不正開設のほか、8万5000口座に及ぶ当座貸し越しの手数料、預金口座維持手数料などの不正請求などである。この結果、ウエルズファーゴは1億8500万ドル（当時の換算で約189億円）の罰金が科され、顧客に不正請求した500万ドルの返還も命じられた。さらには、不正行為に関連した5300人もの従業員が同年9月までに解雇された。これは当時の従業員数の約2％に相当する規模である。また、リテール部門のすべてのセールス目標も撤廃せざるをえなかった。同事件に関する処分はこれだけでは終わらず、同銀行は危機的な立場を余儀なくされたが、それらは後述するとして、ここでは、なぜ、このような事件が発生したのかを考えてみたい。

この大規模な不正行為事件はウエルズファーゴの高い評価を一挙に地に落としたが、その背景は示唆に富んでいる。じつは、ウエルズファーゴの営業店舗で働く行員たちの報酬はきわめて低く、しかも、クロスセル率の上昇などの実績が大きく反映される体系だったのではないかと推測できるからだ。低い報酬を少しでも高くするために、不正を働いてまで実績を積み上げたということである。

米銀関係者によれば、米国のリテール部門（営業店）で働く行員たちの年収は決して高くない。「米国では最低賃金は年間3万ドルという水準」にあるそうだが、一般行員たちは年収300万円から400万円程度が中心であり、邦銀の支店長に相当するブランチマネジャーでも600万円から700万円であるという。

これは本部で働く大卒採用2年目のエリートとほぼ同水準とされ、前出の吉永氏も「支店長は銀行内のエリートではない」と説明している。したがって、一般行員のなかには、銀行の仕事が終わると、コンビニエンスストアなどで働くという人も少なくないようだ。

これに対して、本部で企業買収（M&A）のアドバイザリー業務に従事したり、商品開発部門で働いたりしているエリート行員は年収13万ドルから14万ドル、しかも、実績次第でそれと同額のボーナスを得ているというのだから、なんとも切ないほどの格差である。ウエルズファーゴでも本部でデータベースマーケティングの分析チームに所属する行員の年収は3000万円程度であり、支店で働く一般行員の10倍近い水準とされている。

そんなウエルズファーゴで不正行為事件が発覚後、賃金面の改善が行われたかどうかは未確認だが、少なくとも、わが国の相当規模の銀行で働く銀行員よりも待遇はよくないといえるだろう。裏返していえば、現状、日本の銀行員はかなり厚い待遇を賃金面で受けているということになる。

はたして、ここにきて邦銀でも動き始めた人員削減はどこまで進むのか。そして、「銀行員は高年収」という話はいつまで続くのか。

少なくとも、フィンテック・プレーヤーと激戦を繰り広げている米銀の現実を鑑みれば、邦銀でも人員削減の流れには基本的に逆らえず、高年収の時代は長続きしないと思うのだが、いま、明言できるのはその流れは始まったばかりであり、それを回避したいのであれば、顧客サービスを質的に向上させる努力を惜しまずに労働生産性を上げていくしかない、ということだ。

必要なのは「小売業」的なスタンス

本章の最後にもうひとつ、別の米銀の話を取り上げたい。オレゴン州の地方銀行、アンプカバンクである。同行は、ウエルズファーゴと比較するとかなり小規模で、日本での知名度も低い。しかし、今後の邦銀の行方を探るうえで、きわめて参考になる銀行といっていい。

一言で評すれば、圧倒されるほどに個性的である。同銀行の経営者、レイ・デイヴイス氏が店舗について語った、次の言葉が象徴的だ。

「ブランチ（支店）ではなく、ストア（店）と呼べ」

この意味がおわかりになるだろうか。同銀行は銀行でありながら、自らを「小売業」と位置付けてチャネル展開し、サービス提供しているのである。実際、店舗はコミュニティ活動の場などにも提供している。さらにいえば、先に紹介した「Neighborhood Store」も、店舗内で働く「何でも係」（ユニバーサルアソシエイト）も、アンプカバンクはかなり早い時期から導入していた。そして、進出する地域の文化や住民性などを反映した店舗を作り上げている。

この「小売業」的なスタンスは、同銀行が独善的に行っているわけではない。その証左として、２０１４年にある賞を受賞している。日本では考えられないことだが、アンプカバンクが２０１３年に新設したサンフランシスコ支店は、米国のRetail Design Institute（全米小売デザイン研究所）から「Store of the Year」を受賞しているのである。同賞の43年の歴史のなかで、銀行の受賞は初めてのことだった。

ちなみに、旧ウエルズファーゴ買収に成功し、新ウエルズファーゴのトップを務めたノーウエスト出身のリチャード・コバセビッチ氏も店舗をストアと位置付けたことで米国では知られているし、コマース・バンクのトップ、バーノン・ヒル氏に至っては、ハンバーガーチェーン、「バーガーキング」のフランチャイジー企業やレンタカー会社などをオーナー経営者として手広く手掛けた経歴があり、銀行経営に小売業の手法を導入した人物だ。

わが国でも「銀行は金融サービス産業になるべきである」といわれるようになって久しい。しかし、現実には、それほどの変化を銀行は遂げていない。リテール業務を経営の柱に据えている以上、アンプカバンクから学ぶべきことはきわめて多いはずだ。

欧州の銀行も米銀と同様、苦難にもがき苦しみながら新たな姿を作り上げてきている。ここでは一例にとどめるが、ドイツ銀行がベルリンに開設した店舗では、子連れの来店客のために保育サービスを提供するスタッフが常駐し、店舗の一角には子どもたちが遊べる保育所のようなコーナーまで設置されている。ローンの相談をするために銀行を訪れる人たちの多くは、子ども連れの世代である。顧客が落ち着いてじっくり検討できるよう工夫している。細やかな配慮が実感できる店舗作りといえよう。

欧米の店舗改革から何を読み取るべきなのか。前出の長氏は、

「ヒューマンインターフェイスは絶対的に必要である。たとえば、テレビ会議相談シ

ステムは便利だが、それだけでは足りない。店舗のスタッフが顧客の横にいて、操作方法などを教示しないと顧客は安心できない」と語り、店舗内における銀行員の存在価値を強調する。これは「物理的に店舗を変えたり、機械を導入したりというハコモノ的な発想だけではなく、顧客が来店してから用件を終えて店を出るまでの責任を負うという姿勢を銀行は明確にしないといけない」からだ。いわば、ハードのみならず、ソフトも備わっていないと、顧客満足度を高めることにはならないという指摘である。

アプリ専業銀行の誕生

一方、最新の動きとしては、たとえば、イギリスにおいて、リアルの店舗は有さずにスマホだけで営業する「アプリ専業銀行」が誕生している。銀行のデビットカードで買い物などをすると、即座にスマホにその通知が送られてきて、さらには買い物の明細が自動的に整理されるサービスを提供している。また、ドイツでも、決済サービスを行ってきたフィンテック・プレーヤーが銀行免許を取得して、銀行に生まれ変わるケースが出現している。

いうまでもなく、アプリ専業銀行は店舗チャネルがないだけに、圧倒的な低コスト構造である。それを武器にして、今後、どのような成長を遂げていくのか。

そして、これら究極的ともいえるデジタル銀行に、既存の銀行はいかにして対抗するのか。資本力という面では、依然として圧倒的に優位な既存の大手銀行が、フィンテック・プレーヤーを次々と買収しているように、このようなデジタル銀行もやがて買収されるのかもしれない。いずれにしても、ダイナミックな動きが絶えず出現し、そのたびに、欧米の銀行は生き残るべく変化し続けている。銀行業界で働く銀行員の仕事も顧客に好かれるようサービス向上のために変貌を遂げている。

翻って、わが国の銀行は、就職活動する学生とその親からは「安定的な会社」とみられてきた。しかし、だからといって、広く社会から好かれるような努力をしてきたといえるのだろうか。

銀行というかたちは残るとしても、そのサービスと実態は大きく様変わりしようとしている。

第4章　フィンテック時代の銀行

——金融業の本質を問う

アリババ集団に関する非公式勉強会

年の瀬も押し詰まり、御用納めを翌日に控えていた２０１７年12月27日、東京・霞が関の金融庁では、ある会議が開かれていた。メンバーは学者であり、公式の審議会といった性格のものではなかった。会議というよりも非公式の勉強会といったほうがふさわしいかもしれない。金融庁の某幹部による私的な会合であり、行く年を振り返るとともに、来る年に向けて銀行業界の問題点、課題を参加者が自由に意見を述べ合うような形式で行われた。もちろん、その内容については一切外部には公表されていない。公表しない前提による自由な討議だったといえる。

その席上、金融庁の幹部は「ＩＴの進展と金融制度の将来像」というタイトルで、金融分野におけるデジタライゼーションに対する考えを語ったという。フィンテックを巡る金融行政の方向性などを解説したわけだが、金融の専門家である参加者たちにとって、それらは新味のある内容とはいえなかった。なぜならこの数年にわたる金融制度改革を振り返り、その意味を改めて論ずるような話だったからだ。

それでも参加者たちが聞き耳を立てた部分が、まるでなかったわけではない。今後、浮上するかもしれない問題に関しては、それがいかに幹部の「私的な考え」であっても、興味深いものである。

たとえば、中国でネット通販などを展開している巨大eコマース企業・アリババ集団に関する認可の考え方などがそうだった。売上高2兆5300億円（2017年3月期）を誇るアリババ集団が本格的に日本上陸を果たせば、ネット通販事業のみならず、それに付随して急成長を遂げている決済、与信などのビジネスに至るまで、国内勢は多大なる影響を被りかねないからだ。海外のデジタル革命の旗手たちはそれほどの衝撃力を内在させている。自ずと、参加者の間で、様々な感想や意見が交わされたことは想像に難くない。

そのような話題が一巡して最後、同幹部の口を衝いて出たのが、「日本の銀行にはフィンテックを積極的に推進していく意識が希薄」という主旨の発言だった。

金融庁幹部がそう語ったのも無理はない。そもそも、わが国ではデジタライゼーションに腰の重たかった銀行業界に刺激を与えたのが金融庁という、いわば、官民の主客転倒の構図でこの3年あまりの間、物事が進展してきた経緯がある。そのために金融庁が2015年に設置したのが、金融審議会の下部組織である「決済業務等の高度化に関するワーキング・グループ」だった。金融庁はこの議論を端緒として、海外で著しい進化を遂げている資金決済の分野で、わが国も抜本的な改革を行う腹積もりだったのだが、あにはからんや、ワーキング・グループに参加したメンバーのうち、当事者であるはずの銀行関係者からは、金融庁の期待を大きく裏切る意見が相次いだ。あたかも、「新たなことは何もしない」という結論が導かれるような、改革の問題点が繰り言のように述べられた。要するに、何もしないことの「正当性」を主張したのだ。

その態度に業を煮やしたのが、この金融庁幹部だった。通常、審議会などの議論の場では、主催する官庁関係者は事務局として、進行役や裏方の立場に徹する。つまり、発言する立場ではない。ところが、2015年11月4日、同ワーキング・グループで銀行代表の立場にある委員が発した意見に対して、この幹部は突然、激しい口調で「あなたのいっていることは理解しかねる。要するに、何も考える必要がないということならば、納得できない」と食って掛かった。まさに異例の展開であり、ワーキング・グループの全委員、そして、議論を傍聴していた人たちが固唾《かたず》を飲むように見守った。

そんな一幕が演じられてから2年——本章の冒頭で述べた勉強会に姿を見せたこの

幹部の言動には、怒りというよりも、むしろ、諦念にも似たニュアンスすら漂っていたという。

もっとも、その日の発言内容も決して目新しいものではない。前章でも触れたように、2008年のリーマン・ショックを契機に顧客との信頼関係を失った欧米の銀行では、その回復をはかるべく、顧客サービスの向上策としてフィンテックにすがり付いた経緯がある。一方、アジアでは金融面のインフラが未整備であり、それを早急に改善するためにも、すでに大衆の間で拡大していたスマホによるデジタル技術に金融を包摂していくという流れが起きた。さらに、中東、アフリカでも金融インフラの脆弱さをネットワークビジネスが穴埋めしてきている。いずれの地域でも、フィンテック、デジタライゼーションと呼ばれる最新のIT技術が積極的に取り入れられる素地があった。

ところが、日本の場合、銀行が構築したリアルの金融インフラ（支店網）が十分に整備されており、大衆から唾棄されるほどの離反行為をしでかしてはいない。もちろん、1990年代から2000年初頭にかけての金融危機では、社会に多大なるダメージを与え、世間から厳しい批判を受けたものの、その記憶もすでに薄れかかってきた。もはや、金融危機の最終局面において発生したメガバンク再編の、母体だった都銀の名前を知らない世代が社会に出始めている。

そのようにリーマン・ショック後でも、平穏な日々を送ってきたのがわが国の銀行業界だった。たしかに、細々とした問題をあげればきりがないが、それらを「長期的な課題」として当面の間は棚上げしても、目先的には何の支障もなかった。しかし、海外の金融業者が改革に邁進する中、日本だけが安穏としていられるはずもなく、遅ればせながら邦銀も変化への対応を迫られることになった。

顧客本位ではなく銀行本位

まず直面したのが、決済分野である。銀行が担っている銀行間の資金決済は従来、全銀システムという決済データの伝送ネットワークを中核に据えた「全銀ネット」を用いて行われている。その結果として、利用者は平日午後15時まではリアルタイムで振り込みなどの資金決済サービスを受けられる。

この決済インフラは、世界的に見てもきわめて安定度が高く、すぐれたシステムと評価され続けてきたが、海外先進国ではその品質レベルを凌駕するしくみの議論が具体化していた。「24時間365日リアルタイム決済」である。

にもかかわらず、日本の銀行業界は依然として「世界最高レベルの品質である全銀ネット」に固執し、新たなしくみの導入論には消極的だった。その理由として掲げたのが、「利用ニーズが乏しいから」というものである。

やや専門的な話になるが、この「24時間365日リアルタイム決済」とほぼ同時並行的に導入が検討されてきたのが、全銀ネットに「XML電文」の伝送フォーマットを導入するという金融EDI（Electronic Data Interchange）構想だった。

同フォーマットを導入すると、盛り込める電文の容量が飛躍的に拡張され、さらに柔軟性も高まって付記データによる意味づけもできるからだ。従来、銀行間の決済データは「A社の口座からB社の預金口座に500万円送金」という内容だけだったが、同フォーマットに移行すると、その500万円送金の中身、たとえば、「この500万円は5月15日にA社がB社から購入したバネの代金支払い」といった詳細な情報までもが、A社とB社で共有できる。

これは、企業財務上、利便性を著しく高め、企業のコスト削減にも資するしくみであり、米国ではすでに20年ほど前にはこの金融EDIが重視されて、この分野に銀行がきちんと参入しないと銀行は致命的なダメージを被るという意味で、「EDI or DIE」という言葉まで語られていた。ところが日本の銀行は、2015年になっても、「24時間365日リアルタイム決済」と同様、なかなか重い腰を上げようとはしなかった。

ある大手地銀のトップは、自分の銀行本店がある商店街の店々が夕刻にはシャッターを下ろす光景を引き合いに出して、「それなのに、なぜ24時間決済が必要なのだ」と真顔で反対していたし、メガバンクの役員たちすらも「社会的にそれだけの需要があるとは思えない」と語っていた。

すでにフィンテック・プレーヤーの足音が高まりつつあるなか、結局は顧客の利便性向上よりも、新たなシステムを構築する際に必要な開発費用の負担回避を優先した面もある。

これには、銀行特有の構造的問題も影響した。決済分野を担う事務セクションやシステム開発を担当する部門より、経営企画や人事という部門のほうに発言力があるという構造である。「24時間365日リアルタイム決済」問題も、たとえ、事務セクションやシステム部門が顧客利便性向上の観点からその先進性を評価しても、予算を担当する経営企画が渋面を浮かべて反対理由を並べ、人事部が深夜残業体制による就労条件の悪化や人件費増大を懸念すれば、そこに議論は引きずられ、実現意欲は後退せざるをえなくなる。

そうしたなかで、正論のように銀行業界に広がったのが、「ニーズは乏しい」という消極論にほかならない。日頃、「顧客の潜在需要を掘り起こすことこそ我々の仕事」と唱えていたのが、ウソのような割り切り方である。

こうした銀行業界独特の内向き体質は、デジタル技術の活用問題に限ったことではない。しばしば批判の的とされてきた、「顧客本位ではなく、銀行本位」という話である。かねて銀行業界はタイムリーさに乏しい商品やサービスを次々と打ち出しては、失敗を繰り返してきた。現に、あるメガバンクの幹部も「銀行には失敗商品が山のように積みあがっている」と自嘲気味に話している。

自己満足だけの世界

銀行はひとたび商品を売り出すと、その商品を保有している顧客がいる限り、廃止するのはむずかしい。容易に廃止できるのは期限が定められた商品だけであり、「休眠預金」のように顧客自身が保有していることを忘れてしまうと、「忘れた顧客」と

「撤廃できない銀行」のあいだで、半永久的に埋もれたままとなる。数多ある商品群（ラインナップ）にその商品名が残っていても、銀行の窓口担当者は「現在は取り扱っておりません」といって新たに発売することはない。

それと同様に、銀行が失敗を繰り返してきたのが店舗政策である。メガバンクで店舗開発などを担当してきたある人物は、次のように本音を明かす。

「過去の新型店舗は死屍累々。レイアウト変更は無駄遣い。我々の仕事は新規出店よりも、静かに閉店し撤退するほうがメインだった」

支店長室の調度品を入れ替えるのが「店舗レイアウトの変更である」と勘違いしてきたケースは、すでに紹介した。店舗の2階には豪華な調度品をあつらえた応接間があるものの、1階に降りると、旧態依然とした営業ロビーに大勢の来店客と事務行員たちがいる。「しょせん、格好だけのハードの世界にすぎなかった」とは、店舗改革を推し進めているメガバンクの経営陣ですら認める自己満足の世界である。

それだけではない。窓口業務のカウンターを一直線から曲線に変えた「モデル店舗」を導入したこともあった。そこに能力アップした情報機器端末への入れ替えが伴っていればまだしも、ここでも「感じのよいレイアウト」という自己満足だけがまかり通り、瞬く間に世の中の話題から消えていった。

さらには、多くの銀行が住宅ローンなどの相談特化型の小規模拠点を「プラザ」と称して展開した時期もあったが、いまや、多くの拠点が閉鎖されてしまっている。そのうえ、採算重視で支店を無人店舗の出張所に格下げすれば、採算をはじく対象からは外すことができても、その途端、「この地域は儲からないから撤退したのだろう」という住民の反感を招き、あとはライバル銀行による顧客の草刈り場となって、わずかばかりの営業基盤すらも喪失していった。

ATMを拡充させてきた本当の理由

かつて銀行の店舗内には、苛立ちながら自分の順番がやってくるのを待ち続ける顧客が数多くいた。そんな光景が見られるのは銀行、病院、役所ぐらいのものであり、この3つは〝顧客満足度ワーストの御三家〟と呼ばれていた。銀行の場合、企業の資金決済が集中する毎月5日や10日が大混雑し、ほとんどの民間企業が給料日としている毎月25日はATMコーナーに長蛇の列ができたものである。ATMコーナー前のスペースの床には、順番待ちの列の並びを誘導するラインが書かれたり、ロープの間仕切りが施されたりしているが、それらは極力多くの顧客を効率よく収容するための苦肉の策だった。

だが、いつからか、銀行の風物詩ともいえるこの光景があまり見られなくなっている。通常日に銀行の店舗に行くと、来店客が一人か二人しかおらず、まさに閑古鳥が鳴いているときすらある。もちろん、待たされることもなく、あっという間に用事を済ませることができるし、窓口で応対する女性たちも余裕があって笑顔で応じている。随分と変わってきたことはまちがいない。

ＡＴＭ利用の普及に伴い、預金の預け入れ・引き出しはもとより、振り込みなどをＡＴＭで済ませる人が増えている面はある。

しかも近年、銀行は店外ＡＴＭの設置を増やしている。駅構内や地下鉄の通路、スーパー・百貨店等々、人通りが多いエリアで見かけることが多くなった。利用者はわざわざ銀行の支店まで行かずとも、何かの用事のついでに、近くにある店外ＡＴＭを利用するというケースが増えているし、銀行が提携しているセブン銀行などコンビニＡＴＭの利用も拡大している。

もちろん、例外もある。その典型が、高齢者世代が多い住宅街にある銀行の店舗だ。

年金支給日ともなれば、店内は年金を引き出そうとする人たちで大混雑している。年金受給世代にはキャッシュカードを作っていない人が少なくなく、店頭では大勢の来店客が時間待ちしている。裏返していえば、キャッシュカードを保有している限り、簡単な用事ならばわざわざ銀行店舗に足を運ぶ必要がないことを示唆している。

だから、店内が混雑し、長い時間待ちたざるをえないという風景は過去の話になりつつあるわけだ。用事を短時間で済ませることができることは顧客にメリットのある話にちがいない。

ただし、銀行が店内から店外へとATMネットワークを拡大させていったのは、顧客利便性の向上を主たる目的としていたわけではない。利益を生まない手続きはコストのかかる人手による対応ではなく、あくまでもコストを軽減できる機械へと誘導するという経費削減的な発想からだった。銀行用語を用いて表現すると、「低コストチャネルへの顧客の誘導」である。

したがって、敏感な顧客からは「窓口に行かずに自分で自分のおカネの手続きをやっているのに、どうして手数料がかかるのか」という批判が出ていた。これに対して、銀行は「コンピュータシステムのランニングコストが発生する」という説明を繰り返している。決して説得力のある説明とはいいがたいが、基本的に、いずれの銀行のサービスも手数料も似たり寄ったりのため、顧客が抱く不満や不平は他の銀行への鞍替《くらが》えにも銀行離れにも発展しなかった。

ところが、異業種から新規参入したネット銀行がはるかに低廉な手数料で同様のサービスを提供し始めると、次第に状況は変わってきた。銀行が顧客チャネルを多様化する一方で、顧客にも選択肢が多様化してきたため、銀行は単純に「顧客を誘導するだけの立場」から、「顧客に選ばれるという受け身の立場」にもなった。これは銀行が過去、経験したことのない経営環境といっていい。

ファームバンキングという失敗の歴史

銀行の来店客数が減少し続けているのは、数字にも表れている。三菱UFJ銀行では、2007年度には約4000万人超だった来店客数（ハイカウンター、ローカウンターなど対面チャネルに訪れた顧客数）は一貫して減少トレンドを続け、2016年度には2500万人弱までになっている。10年ほどで40%もの減少率である。三井住友銀行も「来店客数は漸減し続けて10年間で30%減少した」と幹部の一人は説明している。その減少率をみる限り、やはり、銀行店舗内の混雑ぶりは解消されてきていることになる。

前項でも指摘したように、店舗内外に設置し続けたATMネットワーク効果が発揮されているといっていいが、それに加えて、来店客数減少に拍車をかけている要因が、インターネットバンキングの浸透である。三菱UFJ銀行では、2011年度には204万人だった利用個人顧客が2016年度には288万人へと増えている。一見、来店客数の減少規模に比べて、インターネットバンキングの利用顧客数の増加幅はわずかにすぎないと思うかもしれないが、それは必ずしも正しくない。インターネットバンキングを利用する288万人がもし毎月2回、銀行の店舗を訪れれば、年間の来店客数としては延べ576万人とカウントされるからだ。

インターネットバンキングは、デジタライゼーションの手っ取り早い戦略でもあることから、三菱UFJ銀行を商業銀行子会社としている三菱UFJグループは、「MUFG再創造イニシアティブ」と名付けた戦略のなかで、「国内トップクラスの非対面チャネル」の実現を掲げている。UI（User Interface）とUX（User Experience）を改善し、使い勝手の良さと、利用顧客の満足度の向上を実現しながら、様々な届け出のアプリなどをスマホに搭載するとともに、AIを活用して対話型のQ＆Aも充実させるという戦略である。

もっとも、これは三菱ＵＦＪグループに限った話ではない。三井住友銀行もインターネットバンキングでは同銀行の本支店間の振込手数料を撤廃したり、利用に応じたポイント制を導入したりしている。これも顧客が利用することによって満足感が得られるＵＸの追求である。

しかし、ＩＴの領域では、よほど排他的な特許を取得して自己防衛でもしない限り、瞬く間に追随されて先行者メリットが失われる。実際、いずれの銀行も同じような構想を描いており、少しばかり先行していてもあっという間にその特徴は薄れる。競争は繰り広げられるものの、投入したとたんに新鮮味は薄まり標準化していくのがＩＴの世界である。したがって、絶えず新たなサービスを開発し続けるという競争にならざるをえない。

ところで、インターネットバンキングは個人向けサービスだけではない。企業向けのファームバンキング（企業向けのネット取引サービス）という領域もある。

じつは、ファームバンキングという言葉がわが国の銀行業界で広がり始めたのは、１９９０年ごろと、かなり以前のことである。個人向けのインターネットバンキングサービスよりも歴史は古い。中堅・中小企業の経理処理の迅速化に資するという謳い文句で、数多くの銀行が顧客企業にファームバンキングサービスを売り込んだ。

しかし、これもまた銀行特有の〝失敗の歴史〟のなかに埋もれ、いまや話題にすら上らなくなっている。というのも、同サービスは銀行が開発した専用端末をADSL回線につないで、企業側が振込などの操作を行うというしくみであり、多くの場合、その専用端末を売り込んで利益を稼ぐことを目的としていたからである。その結果、「顧客が銀行までわざわざ足を運ぶ必要がなくなる」という顧客メリットの追求が疎かにされ、端末は売り込んだものの、利用は大して広がらず、やがて放置された。

そして、パソコンの時代となってから、専用端末は企業のオフィスのどこかでほこりをかぶるだけになっていた。ところが2年ほど前、期せずして、この「ファームバンキング」が話題になった。もちろん、その機能等が再評価されたわけではない。ファームバンキングで使われていたADSL回線が2018年に廃止されることが決まったからである。

それでも、その善後策を講じるのが遅れた銀行は少なくなかった。顧客企業に専用端末を売り込んだことさえ、忘れていたからである。

破壊的攻撃者の取り込みに躍起

フィンテック・プレーヤーの脅威が増し、銀行がデジタル戦略にアクセルを踏み続けざるをえなくなった経緯は、これまで見てきた通りである。それはあたかも、周回遅れのランナーが突如、スパートをかけたような状況であった。

ただし、フィンテックを支えるデジタル技術が銀行内に蓄積されているわけではなく、そのような人材も乏しい。そもそも、デジタル革命は「銀行内部にはない発想と技術の世界」である。銀行がスーツにネクタイの世界であるのに対して、デジタル革命の旗手たちはジーパンにTシャツというほどに違っている。形式論よりも自由な発想の世界である。もはや、銀行の伝統的スタイルである自前主義は通用しない。

そこで、ここに来て銀行業界で急速に広がっているのが、外部との連携によるイノベーション、つまり「オープン・イノベーション」である。一例をあげると、三井住友グループは生体認証を活用した本人認証プラットフォームを提供する「銀行業高度化等企業」をNTTデータ社、Daon社と共同設立し、2017年7月に事業を開始。さらにビッグデータ分析、アプリやサービスの企画・開発、デジタルマーケティングなどの新会社も設立している。

三菱ＵＦＪグループでもやはり、銀行業高度化などに関する調査・研究、システム開発などを担う新会社、Japan Digital Designが２０１７年10月に事業を開始した。これらはすべて、他のＩＴ企業と銀行が共同出資するオープン・イノベーションである。

米国では新たなライバルとして銀行が恐れていた破壊的攻撃者を、逆にどう取り込めるかがオープン・イノベーションの要諦となっているのだが、これは一過性の出来事では終わらない。デジタル革命が進展する限り続き、新たなフィンテック・プレーヤーは銀行の枠組みの外で次々と誕生してくる。少なくとも、現実はそうなっている。

それで本当に勝てるのか？

銀行が店舗を設置する場合、自社不動産ではない限り賃貸料が発生し、さらに数多くの行員を配置する必要があるので、人件費が嵩《かさ》む。そのような高コストチャネルである店舗からＡＴＭへ、さらにはインターネットバンキングへと顧客を低コストチャネルに誘導した結果が、前述したような来店客数の減少トレンドを生んだ。

しかし、基本的にはそうであったとしても、すべての顧客が自社の低コストチャネルに移っているとは限らない。預金業務は銀行、信金、信組など預金取扱金融機関特有のビジネスであり、それ以外の企業は取り扱えないものの、もはや、送金などは銀行限定のサービスではなくなっているからだ。こうした既存の銀行業務を分解し、フィンテック・プレーヤーなどが新たに金融サービスに参入してくる現象を、銀行ビジネスの「アンバンドリング化」と呼んでいる。この「アンバンドリング化」が進んでいるということは、銀行固有の分野である預金口座数が減っていないとしても、振り込みなどの需要は銀行以外に流出している可能性があるのではないか。

細かくサービス内容と手数料を比較検討するような顧客であれば、振り込みなどの送金の際、銀行以外のフィンテック・チャネルのなかには利便性が高く、手数料が安いケースもあるので、そちらにシフトしていても不思議ではない。

一方、企業の預金口座は銀行に半永久的に開設されているかもしれないが、企業の資金調達手段は、いまや銀行からの借り入れに限らない。社債発行もあれば増資もあるし、最近ではクラウドファンディングというネット経由の資金調達手段も着実に拡大している。それらで調達した資金はとりあえず銀行口座に流入するかもしれないが、だからといってそれが銀行の盤石さを保証するものでもない。それどころか、預金以外のビジネス機会をフィンテック・プレーヤーに奪われれば、銀行の存在感は希薄化せざるをえない。

これと同じ事態が、中小零細企業や個人顧客を対象とするリテール分野でも起き始めている。預金口座は開設していても、その銀行では借り入れや住宅ローンを利用しないパターンである。すでに述べたように、eコマースの運営会社による与信ビジネス「トランザクション・レンディング」はその一例である。eコマースに出店している事業者は銀行に預金口座を開設しているにもかかわらず、eコマースの運営会社が提供するローンを利用している。eコマースの加盟店が運営者の提供するトランザクション・レンディングを活用するのは利便性に加え、ネットワークに加盟しているという関係性があるからだ。

翻って、銀行がATM、スマホ、モバイル端末などに顧客を誘導した結果、銀行の店舗から顧客の足はどんどん遠のき、顧客との関係性が薄まってきている。そうしたなか、銀行はさらなる低コストチャネルの利便性向上を目指しているが、それはフィンテック・プレーヤーと同じ土俵に立つという意味でもある。

はたしてそれで、フィンテック・プレーヤーに勝てると、銀行は本気で思っているのだろうか。筆者には、浮足立った銀行が何をすればいいのかオロオロと慌てふためき、その挙げ句、本来の強みを見失っているようにしか見えない。

銀行の最大の武器とは

第3章で詳述したように、欧米の銀行は邦銀の先を走っている。彼らが低コストチャネルへの誘導を図ったのは、単なる低コスト化だけが目的ではない。欧米の銀行はデジタル技術の導入によって顧客の利便性を劇的に高め、信頼回復に努めたからであって、機械化したから信頼を回復できたという話ではない。そのようなインフラ整備を重ねてモデルチェンジを果たすとともに、店舗の銀行員はカウンターの反対側から顧客に応対するのではなく、カウンターを取っ払って顧客ロビーで立ち続け、来店した顧客に寄り添うように応対するようになったからである。

また、デジタル技術がスマホやモバイル端末によるインターネットバンキングの操作を容易にして、その魅力を向上させていることはまちがいない。

ところが皮肉なことに、様々な銀行がモバイルバンキングの充実に動けば、それに伴ってサービスは同質化していく。しょせん、ターゲットも手法も同じである以上、時間の差が多少あったとしても、到達点は同じである。これは、相手がフィンテック・プレーヤーでも同様である。銀行関係者は「ウチの銀行は人間よりも、すぐれたＡＩを活用した」と喧伝しているものの、しょせん同質化の展開とならざるをえない。

そうしたなかで、顧客はなぜ、特定の銀行とその商品を選択するのか。

これについて、２０１７年夏、金融庁が招いて講演に立った人物が、じつに明快な回答を披露している。

「金融にせよ、医療機関にせよ、最新技術を活用しているという企業を利用する顧客のほとんどは、技術の善し悪しがわからない。それでどこにするかを選んでいるわけではない。感じの良さや親切さなどでサービスを選び出している」

発言の主は、金融工学における功績でノーベル賞を受賞した、経済学者のロバート・マートン氏である。

マートン氏は自身が編み出した金融工学の理論を実践するために、ヘッジファンドのロングタームキャピタルマネジメント（ＬＴＣＭ）の設立に関わった経歴を持つ。しかし、ＬＴＣＭは１９９７年のアジア通貨危機、翌年のロシア通貨危機で多大なる損害を被り、あえなく経営破綻した。そんな経験を積んだ同氏が語った言葉であるだけに、なおさら重みを感じる。

顧客はＩＴやＡＩで銀行を選択するわけではなく、感じの良さ、親切さという営業フロントラインの質の高さを評価して選ぶという話である。

結論をいえば、結局、対面ビジネスの銀行業は、対面ビジネスの高さによって同業者はもとより、非対面のフィンテック・プレーヤーにも打ち勝つしかない。デジタル化の技術を活用してコスト削減をしつつ、最大の武器である顔が見える営業で質の高いサービスを提供してこその銀行なのだ。

加えて注目したいのが、米国の銀行や証券会社の経営者がしばしば口にする、「ディストリビューション・チャネルの価値」という言葉だ。

米金融業界の原点回帰

ディストリビューション・チャネルは店舗、あるいは営業ネットワークのことを指す。店舗や営業ネットワークの信頼性があってこそ、顧客の支持は得られるという論法であり、「ディストリビューション・チャネルの価値」を毀損しかねない要因を排除し、その価値をさらに高めていくことが、米国では金融機関トップの大きな使命となっている。

日本でも銀行員が不祥事を引き起こすと、経営者は決まり文句のように「世の中の信頼を損ねかねない重大事」などといって頭を下げるが、この場合の信頼はきわめて抽象的である。それに比べて「ディストリビューション・チャネルの価値」は、はるかに具体的な意味を有している。店舗の担当者が説明する話や提供される商品・サービスに対する信頼性にまで、その対象は及んでいるからだ。

もちろん、米国の金融業界が一貫して、この価値を守ってきたわけではない。むしろ、かつては逆だったともいえる。押し売り的なセールスが跋扈《ばっこ》した時期もあるし、近年、サブプライムローンのような不適切な商品の乱売も行われた。しかし、そのような出来事が起きた後には必ず、この「ディストリビューション・チャネルの価値」に経営は帰結していく。

たとえば、有力米銀は「ディストリビューション・チャネルの価値」を維持、向上するために、系列のアセットマネジメント会社をグループから切り離して他社に売却したことがある。これは、同一グループである限り、その意図がなくても「系列会社の商品を優先的に販売している」という疑念や誹《そし》りを免れないと判断したからである。

つまり、顧客本位に徹していないとみなされれば、自社の営業ネットワークの信頼性が毀損しかねないと考えたわけだ。もちろん、収益拡大のために劣悪な商品を優先的に販売していれば、価値は完全に毀損することはいうまでもない。経営者は「ディストリビューション・チャネルの価値」を最重視したのである。

そのような米国において、この20年あまりにわたってシティバンクなどのメガバンクやモルガン・スタンレーのような有力証券会社以上に、リテール分野で信頼性を大きく高めてきた存在がある。銀行や証券会社から完全に独立した、フィナンシャル・アドバイザーという専門家たちである。彼らは顧客（個人投資家）の側に寄り添って、顧客利益の最大化のために銀行、証券会社、アセットマネジメント会社が提供する商品を厳選する仕事を担っている。あくまでも個人投資家にとって中立的なアドバイスが評価されて、存在感を増し続けているのだ。

つまり、米国で進行中の金融革命を後押ししたのは、フィンテック・プレーヤーの登場だけではなかった。いわば、顧客からの信頼性を原点とする、金融業界全体に対する「ディストリビューション・チャネルの価値」向上も、金融革命の原動力であった。

そうしたなかで、モルガン・スタンレー、シティグループ、メリル・リンチなどニューヨークのウォール街に本拠を構えるビッグネームの巨大金融グループを尻目に、名をあげているリテール証券会社がある。ミズーリ州セントルイスに本社を構える地方証券会社、エドワード・ジョーンズである。

金融業の本質

もちろん、同じ金融ビジネスとはいえ、証券会社は銀行とは別の業種である。だが、あえてここで取り上げるのは、業種の違いを超えた金融業の本質的な部分が、この会社の姿勢から垣間見えるからだ。その部分とは、やはり、顧客からの信頼にほかならない。

顧客満足度に関する世界的な調査会社、JD・パワー社の「全米の投資フルサービス会社」のランキングをみても、エドワード・ジョーンズは、大手の証券会社、銀行などよりもはるかに高い評点を得ている。JD・パワー社の評価は1000点満点の採点方式で表しているが、エドワード・ジョーンズは2016年には822点で第2位、2017年は833点で第3位である。ちなみに、2017年は、米国を代表する巨大資本の証券会社であるメリル・リンチの富裕層取引会社が10位、シティグループが16位、モルガン・スタンレーの富裕層取引会社が17位と、エドワード・ジョーンズの後塵を拝する低順位に甘んじている。

なぜ、これほどの顧客支持を得ているのか。これはエドワード・ジョーンズの独特の経営形態が関係している。

ここで、同証券会社の概要を説明しておくが、わが国の地方証券会社とはまったく次元の異なる存在であることに注意されたい。地方証券会社といっても、銀行預金残高に相当する顧客資産は2016年末で9630億ドルと100兆円をゆうに超えており、わが国トップの野村証券にほぼ匹敵するレベルである。そこから資産連動フィー、売買手数料などを得て、66億ドルもの営業収益を稼ぎ出している。

高い収益力はともかく、なぜ、同社は顧客満足度を獲得できているのか。結論を急げば、ディストリビューション・チャネルが信頼されているからである。

エドワード・ジョーンズの特徴は、その店舗数の絶対的な多さにある。支店数は2016年末時点で全米1万4259店舗を数える。いくら国土が広いとはいっても、この店舗数には驚くべきものがある。そのすごさは、銀行のリテール店舗数と比較すると、よくわかる。2016年6月末現在で、米国内の店舗数ナンバーワン銀行はウエルズファーゴの6260店、第2位のJPモルガン・チェースが5419店、第3位のバンカメが4755店となっている。要するに、エドワード・ジョーンズは証券会社でありながら、米国を代表する大銀行の2倍以上の店舗網を有している。

参考のためにいうと、わが国のトップバンクである三菱UFJ銀行の国内店舗数は516店である一方、最大手証券の野村証券の店舗数は158店しかない。日本的な発想からすると、証券会社の店舗数が銀行のそれを上回っているだけでも、信じられないような話だろう。

さらに信じがたいのは、その店舗運営のあり方だ。「一人一店舗」を基本形としており、軽量店舗のなかにフィナンシャル・アドバイザーが一人配属されている形態なのである。

そのような軽量店舗の大量出店でも「ディストリビューション・チャネルの価値」を維持するための工夫が、新規出店の際の人材採用にあった。具体的には、「その地域で信頼されている人物を採用している」という。もちろん、フィナンシャル・アドバイザーとしての役割を果たすには、それなりの専門知識や素養が必要となるが、それよりも重要視しているのが、「ディストリビューション・チャネルの価値」のために「信頼される人物に店を任せる」ことなのだ。

顧客の信頼軽視の代償

さらに同社の経営体質を決定づけているのが、リミテッド・パートナーシップ（有限責任組合）という経営形態である。株式を上場させていないので、同社には外部から過剰な収益バイアスが加わることはない。したがって、信頼される人物はアドバイザーとして顧客とじっくりとした付き合い方を醸成でき、顧客から高い信頼を得ているという。

これとは好対照となってしまったのが、かつての優等生銀行、ウエルズファーゴである。ハイテクとハイタッチの融合体であるウエルズファーゴも地方に拠点を有する金融会社であったが、メガバンクというビッグネームと比肩される存在になるまでの成長を遂げた。ところが、前述したような不正事件の泥沼にはまり込んでしまった。

不正事件に対する社会的な批判は凄まじい。２０１６年9月時点で巨額の罰金や不正取得した資金の返済、さらに不正に関与した行員たちの解雇といった処分が続いたが、これで一件落着とはならなかった。同銀行に対する社会の怒りが、収まらなかったからである。

　2016年9月29日、同銀行のトップを呼んで開かれた上院銀行委員会の様子がその凄まじさを物語っていた。同委員会で待ち構えていたのは、〝ウォール街が最も恐れる〟エリザベス・ウォーレン議員。リーマン・ショック後、米国大手銀行や投資銀行の責任を厳しく追及し国民から高い人気を得ていた彼女も、メンバーの一人として経営責任を強く問いただした。そのなかで飛び出した言葉が、「Too Big To Manage」である。大きくなりすぎて、営業現場がいかなる状況に陥っていたのかを経営陣は把握できず、収益追求ばかりできちんとした経営ができなかったという指摘である。

　結局、ウエルズファーゴが引き起こした事件の最終決着は、2018年初頭まで持ち越され、米国連邦準備制度理事会（FRB）が2月に命じた業務改善命令は「資産拡大の禁止」であった。異例の厳格処分といっていい。

　長年にわたって、米銀を巡る動きを調査してきた野村総研ニューヨークの吉永高士氏も、「過去には買収や新規出店の制限などを受けた銀行はあったが、オーガニックな部分まで含めて総資産を拡大できないというケースは前例がない。ウエルズファーゴは命じられた経営立て直しを急がないと株価の下落が続く」と、その影響の大きさを解説する。

処分解除の条件である経営の健全化が長引けば、ライバル銀行に顧客を次々と奪われるのは必至であり、それに伴って経営基盤は脆弱化する。株価が大きく下落すれば買収の標的にもなりうる。顧客の信頼に支えられる「ディストリビューション・チャネルの価値」を著しく毀損させたウエルズファーゴは、死活問題に直面したといえよう。

連結収益をかさ上げするために

エドワード・ジョーンズとウエルズファーゴという、米国の二つの金融会社の明暗はそのまま、わが国の銀行業にも当てはまる。米国に比して日本ではリーマン・ショックによる痛手は軽微で済んだものの、その後、日銀による超低金利政策、さらにはマイナス金利政策が銀行の収益力を確実に蝕んでいる。リーマン・ショックが米銀の収益に対する劇症性疾病だったとすれば、邦銀の場合はいまだに慢性疾病的に体力を削がれ続けている。

そこで、わが国の銀行業界は当初、超低金利による収益悪化という逆風を押し返すべく、営業現場に過大な目標を課して顧客軽視のセールスに拍車を掛けた。連結収益をかさ上げするためには、系列アセットマネジメントが開発・運用する商品を高い販売手数料で優先的にセールスし、手数料水準の高い保険商品も売り込んだ。

ローンの領域では、顧客である中小企業の理想的な返済方式や財務状況を棚上げして、売りやすい「保証協会付ローン」を提案し、潜在的な空室リスクがあるにもかかわらず、アパートローンを積極販売した。

これら顧客軽視の営業戦略について、営業現場の心ある銀行員たちは戸惑い、抵抗しつつも、諦めてセールスせざるをえなかった。しかし、それによって、「ディストリビューション・チャネルの価値」は着実に毀損されていった。リーマン・ショック後の米銀のように社会から激しい嫌悪を抱かれたわけではないが、顧客からの信頼が薄らいだことは否めない。

そのような状況が改善されたとはいえないなかで、メガバンクグループを皮切りに始まったのが、ビジネスモデルのフルチェンジである。すでに触れてきたように、デジタライゼーションを積極的に取り込むことによって、営業店を中核とするリテール部門の業務量を圧倒的に削減し、その果実として店舗人員の大幅削減を実現しようというものだ。

ところが、このフルモデルチェンジで期待されるコスト削減が実現するまでには、かなりのタイムラグがある。今回の戦略を2019年度末までの中期経営計画の「業務改革」と位置付けている三井住友グループを例に説明しよう。

同グループはメガバンクグループのなかで最も戦略を精緻に作りあげた。しかも、ライバルグループが「これから着手する」というビジョンだったのに対して、三井住友グループは具体的な動きをすでに2017年度から開始しており、同グループが内容、速度ともに大きく先行している。

デジタル技術を生かしたニューモデル店舗への切り替えについては、全国430店舗中、2017年度には早くも100店舗で実現済みだ。2018年度も切り替えのピッチを落とさずに進めて、2019年度には全店舗がニューモデル店舗へと変わるというスケジュールである。ライバルグループも同様の店舗戦略を掲げているものの、2017年度中にはまだ新店舗を誕生させていないし、いつまでにどの程度実現するのかという工程も判然としていない。

三井住友グループは、人員のスリム化にもいち早く着手している。2018年度の新規採用は内定ベースで800名と前年度比約500名規模の削減である。とにかくそのスピードには目を見張るものがある。

ところが、それでも「経費削減効果が発現するのは、2019年度から」（企画部門）という見通しである。2017年度からのスタートを考えると、3年目を迎えて、ようやく、コスト削減効果が発揮されるわけだ。

このタイムラグは、店舗関連で移転、リニューアルなどに伴う費用が発生することに加えて、デジタル化のシステム開発費用なども生じるため、コスト削減効果を打ち消す格好になるからである。いち早く開始した三井住友グループがそうである以上、これから具体的に動き出す三菱UFJ銀行やみずほ銀行でコスト削減効果が目に見える形で現れるのは、さらに先にならざるをえない。

もちろん、新型店舗へのリニューアルを限定的な範囲に抑えれば、業務量削減による人員削減効果はより早くコスト削減として現れてくるだろう。だが、それでは、各グループの掲げる「リテール部門の構造改革」が中途半端なものになりかねない。中途半端な改革は結局、短期的なコスト削減には貢献しても、中長期的には進化を遅らせる。進化が遅れれば競争条件は不利に働き、最終的には第2、第3弾の人員削減を迫られるという、悪循環にも陥るリスクがある。

これは、人員削減の規模がどこまで拡大するのかという問題にとどまらず、より深刻な問題を誘発するリスクを孕んでいる。要するに、ウエルズファーゴの二の舞になりかねないという問題である。

自滅へのカウントダウン

先ほども述べたように、エドワード・ジョーンズは株式会社ではなく、上場企業でもない。したがって、資本市場からの過剰な収益プレッシャーを受けることもなく、「顧客とのロングタームのリレーションが築けている」(米系投資銀行調査部)。つまり、顧客からの信頼を得ているわけである。ウエルズファーゴもかつてはそうだったかもしれないが、いつの間にか、顧客からの信頼という価値観が薄れて顧客とのリレーションシップよりも、データ解析と強引な営業による収益追求型の企業に変質してしまった。その顚末が、リテール部門の営業現場で蔓延し拡散した不正事件にほかならない。

翻って、邦銀で動き出したデジタル化によるリテール部門の改革も、業務量の削減によって創出する余力を、「顧客とのリレーションの強化」という「ディストリビューション・チャネルの価値」向上へと着実に振り向けなければ、結局、単なるコスト削減策に終わってしまうだろう。

長いあいだ、日本の銀行の営業店舗は、顧客と接するフロントラインと、その後方で事務処理を担当するミドル、バックという三層構造で成り立ってきた。このうち、ミドル、バックをデジタル化で省力化するというのが、3メガバンクグループに共通する戦略ではある。しかし、もしそれだけにとどまれば、人員削減は実現するかもしれないが、戦力の強化、つまり、フロントラインの強化にはつながらない。結果、「ディストリビューション・チャネルの価値」向上とはならず、改革は止まってしまうだろう。

時間だけをやたらと費やして、中途半端なチャネルコストの削減を緩慢に続ければ、世の中の変化のスピードには追いつけず、つねに後追いにならざるをえない。その状況に飽き足らない株主たちはコスト削減による収益増強へのプレッシャーをさらに強め、より一層のコスト削減を迫ってくるにちがいない。現場にしてみれば、顧客サービスの質的向上どころの話ではなくなり、「ディストリビューションの価値」は下がり続ける。

結局、収益向上は遠のくばかりで、総人員数の抑制でも足りず、ついには「パーへッドのコスト削減」へと向かわざるをえなくなる。ありていにいえば、銀行員ひとりひとりの年収の抑制・減額である。

メガバンクグループの労働組合は、2018年春の労使交渉で従業員のベースアップを求めない執行部案を固めたという（日本経済新聞2月27日付）。これは2018年度だけの話になるのか、それともトレンドとして2019年度以降も続くのか。後者になっても一向に不思議ではない。

往々にして、そのようなパターンに陥ると、報酬は変動費化され、実績給の比率が高まる。それにノルマが結びついて、一件でも実績を積み上げなければいけないという焦燥感から、ウエルズファーゴの営業現場のように不正行為が誘発される。単なるコスト削減は自滅へと向かうルートでしかない。その間、将来を危惧する銀行員は、転職の自信がある優秀な人材から逃げ出す——。

銀行員の転職市場の需給関係は一段とタイトになるだろう。

数名の小さな支店が続出

そうした最悪の事態を防ぐためにも、銀行はモデルチェンジを着実にはたし、コスト削減と顧客サービスの質的向上という二つのハードルを飛び越えるしかない。もちろん、銀行の職場には相応の痛みが伴うことになる。

メガバンクグループが打ち出した人員削減は、その一里塚にすぎない可能性すらある。現在、50歳前後という年齢で始まる「セカンド・キャリア」への早期退職年齢が、これまで以上に早まってもおかしくない。しかも、間もなく早期退職期を迎えるのは、〝銀行の団塊の世代〟と呼ばれる大量採用世代である。

だが、銀行員の安定をもたらしてきた「セカンド・キャリア」という「第二の人生」制度の人員吸収能力は、もはや限界に近づきつつある。メガバンクグループのあるトップは筆者に対し、「企業は財務の専門家である銀行員を必要としている」という、やや時代遅れといわざるをえない発言をしているが、現実的にはもはや、そのような企業は少なくなるばかりである。なにしろ、銀行自身がAIを導入し、財務経理の省力化を推し進めている時代である。企業にもこれと同じ波が押し寄せている。

「当銀行の人間を経理部で採用してください」と相談しても、「当社もAI搭載のシステムを導入したので何とかなります」と断られる日がいずれ訪れるかもしれない。しかも、不幸なことに、日本の企業数は減少の一途をたどっている。第二の職場を必要とする銀行員数と企業数は反比例の関係にある。

そもそも、銀行は人員削減時代に突入したとはいえ、それでも人員増強で強化しなければならない部門がある。メガバンクでいえば、国際部門である。これからも引き続き海外展開を強化するならば、必然的に人員は増強されていく。それによる経費率の上昇を抑えるには、効率化余地のある部門の人員圧縮が欠かせない。

そのような状況をいちばんよくわかっているからこそ、早期退職の「適齢期」を迎えつつある銀行員たちは人材サービス会社への登録に走り始めている。だが、激動の時代を迎えるのはこの年齢層の銀行員だけではない。銀行に残る銀行員たちも当然、激動の渦に巻き込まれる。そのなかで〝溺れ死ぬ〟銀行員も出てくるだろう。

何よりもまず、デジタル革命はこれからも続く。その技術を取り入れて業務を効率化させるほどに、人員の圧縮余地は生まれてくる。その対象となるのは、あらためていうまでもなく、国内営業部門である。今回は事務業務の圧縮という話にとどまっているが、モバイルバンキングの利用率がさらに高まり来店客数が減り続ければ、それに応じて店舗の人員規模はますます縮減される。欧米の軽量店舗のように、銀行員はわずか数名という店舗が続出するという話である。

信金・信組に学ぶべきソーシャル・キャピタル的思想

もっとも、米国でエドワード・ジョーンズのような「一人一店舗」の証券会社が隆々としている例もある。ここで着眼すべきは、株式会社でも上場企業でもないという企業性と、「ソーシャル・キャピタル」との関係性である。

資本主義（キャピタリズム）の極致のような米国では長年、この「ソーシャル・キャピタル」が学問的に研究され続けている。日本では、これを社会関係資本と呼んで、やはり、経済学、社会学の分野で研究が重ねられている。

たとえば、日本大学の稲葉陽二教授によると、社会関係資本とは「ネットワーク、互酬性などの規範、信頼」であり、この定義には「個人だけではなくコミュニティ全体の中に存在しているという考えが強い」としている。

つまり、株式会社の資本の論理に縛られないエドワード・ジョーンズは、コミュニティとの信頼と、パートナーシップ制度に内在する互酬性というソーシャル・キャピタル的な考え方を経営、あるいはビジネスの軸に置いているようにみえるのだ。

じつは、わが国でも、資本の論理に縛られず、独自の道を歩んでいる金融機関がある。信用金庫、信用組合といった、狭域を経営基盤とする地域金融機関である。信金・信組は協同組織形態の会員組織であり、株式会社とは本質的に異なっている。そのなかでも、独自性を発揮し、近年、存在感を増している信金、信組には、とくにソーシャル・キャピタル的な発想が強い。

たとえば、芸者さん向けの無担保・無保証ローンで話題となった東京の第一勧業信用組合は商店街などのコミュニティとの絆を重視し、そこから得られた信頼感でビジネスを確固たるものにしている。同信組の新田信行理事長は職員たちに「顧客にこれを買ってください」式のセールスを厳禁とし、「ただ、顧客に好かれて頼りにされるようになること」を命じている。

また、福島県いわき市などを地盤とするいわき信組は、まさに「社会関係資本」という発想を中軸において経営している。筆者は、2011年3月11日に東日本大震災が発生してまもない時期に、同組合を訪れて取材したが、津波で甚大な被害を被った2ヵ店を除く全店舗を同信組は震災翌々日には開いて、被災者向けの低利の無担保ローンを本人確認の証明書なしで提供していた。これは、「我々は、すべての顧客の顔を知っている」（当時の取材に応じてくれた職員）ことで成り立つものであり、さらにいえば、その2年後、このローンでおカネを借りた人たち全員が完済している。この事実を同信組の江尻次郎理事長は「自分たちは社会関係資本の上に成立している」と説明している。

もちろん、これらの協同組織金融機関の領域にもデジタル革命は及ぶだろうが、株式会社で、なおかつ上場会社である銀行のように、資本の論理として過剰なほどの「稼ぐ力」を求められ続けるような立場ではない分だけ、「人肌の金融」というべきものを温存し、それによる地域の信頼性を勝ち得るだろう。しかも、この領域の金融機関は、銀行に比べても総じて人件費も低いので、今後も対面チャネルの価値を発揮できるだろう。

しかし、残念ながら株式会社の銀行は違う。あくなきコスト削減が待ち構えている。それを容易にするデジタル技術の進歩は日進月歩の勢いである。リテール店舗では、軽量小型店舗が主流となり、人手に代わって最新鋭のマシーンが続々と登場してくる。銀行は何から何まで変わらざるをえない。

3年程度の転勤は見直しへ

そうなれば、銀行の人事制度もがらりと変わっていくにちがいない。従来、銀行では3年程度のサイクルで転勤が繰り返されている。銀行員が転勤族の代表格のように思われてきたゆえんである。この転勤サイクルは単なる異動ではなく、キャリアパスともみなされ、通常、そつなく業務をこなしていれば、転勤とともに平行員から主任、課長代理、課長、副支店長、そして、支店長へとステップを上り詰めていくことを思い描けたのが、これまでの銀行員人生だった。

この短期間サイクルの異動制度には、もうひとつの理由があった。現金商売であるがゆえに発生しかねない、横領など不正行為の防止である。そこで、不正行為を放置しないための業務チェックという目的で担当者をしばしば入れ替えるローテーション人事が組まれた。

ところが、銀行には現金商売という性格が薄まり続けている。今後は、デジタル化によるペーパーレスとともに、キャッシュレス化の流れがさらに加速してくる。すでに銀行店舗の定番とされてきた巨大な金庫などは姿を消し、今は簡易型の小型移動金庫の時代になっているが、金庫そのものも不要となる時代が近づいている。つまり、不正の抑制・防止という観点からの短期間のローテーション人事は、早晩変わることになるだろう。

一方、これからの銀行の営業現場で一段と必要とされてくるのは、顧客とのリレーションシップの構築である。金融庁が「人物本位の融資」あるいは「事業性評価の重要性」と強調しているのは、とりもなおさず、リレーションシップの強化にほかならない。その結果として従来型の人事ローテーションは見直されておかしくない。そこで、転勤頻度が低くなることを銀行員は喜ぶだろうが、その裏返しで、その制度と密接に関連する出世のシナリオも変わらざるをえなくなる。昇格テンポが遅くなり、銀行員が夢に描く支店長への出世が遠のくことになりかねない。

とはいえ、それだけでは働くためのモチベーションは上がらない。そこで、銀行員がやる気を出すしくみとして、実力主義の評価体系が一段と鮮明化されてくるにちがいない。年功序列的な色合いは一挙に崩され、同一年次の入行組のなかでも出世格差が著しく拡大する。もちろん、年収格差も広がらざるをえない。ほぼ同一年齢で開始されている定年退職を前倒ししたセカンド・キャリア人事も変わっていくだろう。

「セカンド・キャリア」制度自体の存在が危ぶまれるが、少なくとも横一線ではなくなる可能性が高まってくる。もちろん、人によって受け止め方は異なるだろう。弱気の銀行員はふるい落とされるという不安を抱いて人材サービス会社への登録を急ぎ、強気の銀行員のなかには、自分のほうから早く銀行に見切りをつけようと考え始める人たちが現れてくる。その結果、安定的と目された職場に人材の流動化が加速されていくことになる。

いちばん変わるのは支店長

銀行員の働き方も激変するだろう。顧客とのリレーションを強化するために同じ顧客とじっくり付き合うことが求められるようになって、ひとつのポストに就く期間が長期化する。それによって、昇格が遅れることはすでに予想したが、同時に、管理者に昇格することを期待されず、金融ビジネスのプロフェッショナルとして腕を磨くことが求められるようになる。

銀行が世話する転職も先細るなかで、顧客から望まれる銀行員からその腕を買われて転職していくようになっていくだろう。要するに、銀行に残るも再就職するもプロフェッショナルとしての腕次第という時代になっていく。銀行員が人生の将来設計を銀行に委ねる時代は終焉を迎え、自分自身で人生設計せざるをえない。腕に自信のない銀行員は将来設計すらもままならない立場に陥ることになる。

こうして銀行員像はがらりと変わるわけだが、なかでも激変するのは多くの銀行員が夢にも見る出世の象徴、支店長である。従来、支店長といえば部下数十人を率いる一国一城の主という華やかな立場だったが、顧客受付のカウンターが取り払われた空間の中で、フロアマネジャー的な存在に変わる。

奇しくも、デジタル技術の徹底導入によってペーパーレスが徹底され、来店客の用件はスマホや専用端末の操作だけで足りるようになる日が近づいている。結果、店舗に事務行員は一人もおらず、全員セールス担当の小さい所帯に変貌する。そのなかで支店長はフロアに立ち続けるのが仕事であり、かつてはトップの象徴でもあった支店長室は消えて、支店長は最も営業努力を費やすトップセールス的な立場になる。米国の地方銀行、アンプカバンクの経営者が店舗をブランチと呼ばずにストアと呼んだように、支店長は「店長」と呼ばれる日が訪れる。

支店長をはじめとして、銀行員たちはロビーの営業活動がないときには担当エリアに徹底して通い続ける。ＡＩ搭載のロボット（ＲＰＡ）が取引先の財務分析はもちろん、取引先の経営課題や解決策まで盛り込んだレポートを瞬く間に策定するので、ほとんど、デスクワークがなくなっているからだ。

とにかく、就業時間はほぼ百パーセント営業活動に投入されていく。かつて銀行員の象徴だった自転車が再評価されて、自転車をこいでまわるのが銀行員の典型的な姿に回帰してくる。

営業店だけではない。銀行内でエリートポジションと位置付けられてきた本部でも人員削減の嵐が訪れる。なかでも、営業店を統轄したり、支援したりしている部門はAIを活用して資料を自動的に作成し、分析するRPAなどが普及するにつれて、必要人員数は少なくなるにちがいない。

エリート中のエリートと目されてきた人事部なども順次、人事評価などの仕事はAIが担うことになる。まずは、コスト倒れのリテール店舗の省力化が先行するが、肥大化した本部機能にもメスが入る日は遠くない。いってみれば、「稼がぬエリート」はいずれ「稼ぐ」仕事に回されて、真の職場エリートであるかどうかが試されることになる。

東大生の就職先第1位からの陥落は必至

営業活動では過去に蔓延した「この商品を買ってください」「ローンを利用してください」というお願いセールスは表向き自粛となり、財務分析などを生かした課題解決型の提案が基本となっている。それを的確に行えるようになるために、銀行員は猛烈な学習を自主的にしなければいけなくなり、それを怠って、お願いセールスを続ければ、結局、顧客に疎んじられて脱落組となる。

そのため、今後は資格制度が従来にも増して評価されるようにもなるだろう。個人の資産運用の相談のためのFP（ファイナンシャル・プランナー）資格の取得は絶対条件であり、そのほか、宅建主任、中小企業診断士、社会保険労務士等々、個人顧客や取引先企業に適切なアドバイスを提供できるための資格取得が必須となる。人事評価を得るためだけではなく、転職の際にも有利になるため、多くの銀行員が様々な資格取得に挑む時代になる。これによって、単に銀行員であることが銀行の内外で評価される時代が終焉を迎える。

毎年の新卒採用も激変は避けられない。まず、採用人数は大手銀行でも大幅に絞り込まれて、大量採用時代は過去の話になる。生産性を厳しく問われる職場なので、一定の脱落組は出るものの、すでに銀行の象徴だった銀行員の純血主義も崩壊してライバル銀行からの中途採用者が拡大するため、補充はそれで賄えるようになる。

こうなると、もはや、銀行員は「安定」とは程遠い職業となるため、少なくとも近年のように、銀行が東大生の就職先第1位から大きく陥落するのは必至で、一般的な学生の人気も落ちていく。実際、安定的な人生を望むような職場ではなく、自分の可能性にチャレンジするような職業へと、一部の銀行業は変貌を遂げていくはずである。それでも、銀行員は社会的なエリートとみなされているとすれば、それはかつてのように、ノルマ達成に向けて「お願いセールス」に明け暮れながらも、一定の安定が保証されているからではない。

真に顧客のためになる提案ができるか——日々、自らの能力を試しながら、自分の将来を切り拓く職業になっているからだ。これは、見栄えではなく、やりがいを重視する者には魅力的な職業のはずである。

その評価が定着するまでの間、銀行業界では試行錯誤が繰り返される。変貌に失敗すれば、それは進化論の適者生存から外れて、結局、人員削減を繰り返していくだけにならざるをえないだろう。銀行員は、自らが働いている銀行という職場が変貌しても生き残れるか、それとも、人員削減の加速で萎え衰えていくか、自分の銀行の質を見極めなければならない。また、銀行に勤めているからエリートであるという幻想は捨て、冷静に自分の「時価」を考えないといけなくなる。

少なくとも、安定で銀行を選ぶ時代は終わろうとしている。

おわりに

これまで邦銀が追求してきた姿は何か――。顧客のすべてのニーズを獲得し、顧客を囲い込んでいく「ワンストップ・バンキング」である。そのために、あらゆるサービスを提供する「ワンセット主義」が唱えられてきた。

しかし、ワンセット主義は不採算部門も持ち続けることによるコストアップをもたらし、「ワンストップ・バンキング」は顧客ニーズが多様化するにつれて、見果てぬ夢のようになった。理想は崩れつつある。

そのうえ、フィンテック・プレーヤーの台頭と密接に絡むかたちで、金融機能のアンバンドリング化が始まった。アンバンドリング化は、銀行が提供する総合サービスに対峙する考え方である。銀行の機能を分解して、その一部に特化したすぐれたサービスを提供するというビジネススタイルであり、これこそ、フィンテックの真骨頂となっている。

その流れをいち早く察知したビル・ゲイツは１９９４年、「金融は必要だが、今のようなかたちの銀行はなくなる」と唱え、さらにシリコンバレーで生まれたフィンテック・プレーヤーたちが「Bank to Banking」という言葉を掲げて、疾走し始めた。

伝統的な銀行はそのままでは特化領域においてサービスの質、価格などの面で新参者には敵わず、ついに新たなビジネスモデルの確立に向けて、自らデジタライゼーションの吸収に動き始めた。これによって、抜本的なコスト削減とともに既存概念ではありえなかったような革新的なリテール店舗やスマホバンキングの本格的な導入などを実現する。おそらく、今後は送金コストがきわめて安い電子通貨も普及してくるにちがいない。

つまり、ビル・ゲイツの言葉を借りれば、銀行は生き延びるために、自らのかたちを大きく変え始めている。では、そこで働く銀行員たちがこれまで語り継いできた理想の姿とはどういうものか。

かつて、銀行員の理想像として思い描かれていたのは、こういう話だった。

「油塗れの作業服姿で資金繰りの相談に飛び込んできた社長がいた。支店長はじっくりと話を聞いて、その社長の生真面目さを見抜いた。そこで、支店長は担保もないというその社長に融資を実行。会社はそれで助かり、のちに成功した。それがあの企業だ」

この理想像は変わらない。おそらく、これからも変わらない。銀行の、そして、銀行員の社会的な使命だからである。

もっとも、近年、大銀行は老朽化したモデルから生ずる膨大なコストを賄うために稼ぐ力をフル回転させ、結果として、営業現場のエンジンは過熱し金属疲労を来していた。コスト吸収に向けて営業現場の銀行員たちが汗水を流すというのはじつに悲劇的だった。その隘路から脱却するためのデジタライゼーションの導入はきわめて有効である。

翻って、全国各地で活動している信用金庫や信用組合のなかには、近年、目先の利益を追求する「銀行もどき」路線の失敗を経て、ようやく、地域とともにあり続けるという本来の姿に立ち返り始めている向きがある。地域を自転車やスクーターで回り続けて商店街や中小零細企業を訪れ、その悩みを聞いて、相談に乗るという姿である。

もちろん、地域の疲弊は避けられず、その逆風に喘いでいる光景も見られるが、それに果敢に立ち向かおうとする中小金融機関はある。たとえば、秋田県信用組合は、取引先企業に黒ニンニク栽培やドジョウの大型養殖事業を提唱し、北林貞男理事長自らが東京の飲食店を回って販路開拓をしている。岩手県の北上信用金庫は「県内で消滅可能性ナンバーワン」と言われる西和賀町で、独自商品をブランド化させて町を支えてきた。最近、その情報を耳にした都会の人からは、移住希望の声が寄せられているという。

秋田県信組、北上信金はともに従業員数は100人強という典型的な中小金融機関である。しかし、地域からの信頼は絶大だ。

銀行は、みずほフィナンシャルグループの1万9000人に代表される人員削減に動き出した。それを可能にしたのが、デジタライゼーションである。たしかに、革新的な匂いはする。しかし、これは手法の問題にすぎない。重要なのは、それによって何を実現するかである。もちろん、顧客サービスの圧倒的な向上しかない。地域や顧客に密着し、そのためにあらゆる努力を惜しまず、地域や顧客から信頼される存在にならない限り、銀行は存在意義を認められない。

銀行が激変するなかで、銀行員の職場環境も社会的な立場も変わる。安定も失われるだろう。しかし、銀行本来の役割は何ら変わらない。それを強く意識せず人員削減のみで胸を張る程度の浮ついた経営者は人工知能に替われればよいが、顧客とともに悩み考える銀行員は、いかにすぐれたＩＴ技術でも代替できない。

講談社現代新書　2474

銀行員《ぎんこういん》はどう生《い》きるか

二〇一八年四月二〇日第一刷発行　二〇一八年五月一四日第四刷発行

著者　浪川《なみかわ》 攻《おさむ》

発行者　渡瀬昌彦
発行所　株式会社講談社
東京都文京区音羽二丁目一二—二一　郵便番号一一二—八〇〇一
電話　〇三—五三九五—三五二一　編集（現代新書）
〇三—五三九五—四四一五　販売
〇三—五三九五—三六一五　業務
装幀者　中島英樹
印刷所　凸版印刷株式会社
製本所　株式会社国宝社
定価はカバーに表示してあります　Printed in Japan

N.D.C. 338　203p　18cm
ISBN978-4-06-288474-7

「講談社現代新書」の刊行にあたって

教養は万人が身をもって養い創造すべきものであって、一部の専門家の占有物として、ただ一方的に人々の手もとに配布され伝達されうるものではありません。

しかし、不幸にしてわが国の現状では、教養の重要な養いとなるべき書物は、ほとんど講壇からの天下りや単なる解説に終始し、知識技術を真剣に希求する青少年・学生・一般民衆の根本的な疑問や興味は、けっして十分に答えられ、解きほぐされ、手引きされることがありません。万人の内奥から発した真正の教養への芽ばえが、こうして放置され、むなしく滅びさる運命にゆだねられているのです。

このことは、中・高校だけで教育をおわる人々の成長をはばんでいるだけでなく、大学に進んだり、インテリと目されたりする人々の精神力の健康さえもむしばみ、わが国の文化の実質をまことに脆弱なものにしています。単なる博識以上の根強い思索力・判断力、および確かな技術にささえられた教養を必要とする日本の将来にとって、これは真剣に憂慮されなければならない事態であるといわなければなりません。

わたしたちの「講談社現代新書」は、この事態の克服を意図して計画されたものです。これによってわたしたちは、講壇からの天下りでもなく、単なる解説書でもない、もっぱら万人の魂に生ずる初発的かつ根本的な問題をとらえ、掘り起こし、手引きし、しかも最新の知識への展望を万人に確立させる書物を、新しく世の中に送り出したいと念願しています。

わたしたちは、創業以来民衆を対象とする啓蒙の仕事に専心してきた講談社にとって、これこそもっともふさわしい課題であり、伝統ある出版社としての義務でもあると考えているのです。

一九六四年四月　野間省一

日本語・日本文化

105 タテ社会の人間関係 中根千枝
293 日本人の意識構造——会田雄次
444 出雲神話——松前健
1193 漢字の字源——阿辻哲次
1200 外国語としての日本語——佐々木瑞枝
1239 武士道とエロス——氏家幹人
1262 「世間」とは何か——阿部謹也
1432 江戸の性風俗——氏家幹人
1448 日本人のしつけは衰退したか——広田照幸
1738 大人のための文章教室 清水義範
1943 なぜ日本人は学ばなくなったのか——齋藤孝
1960 女装と日本人——三橋順子
2006 「空気」と「世間」——鴻上尚史
2013 日本語という外国語 荒川洋平
2067 日本料理の贅沢——神田裕行
2092 新書 沖縄読本——下川裕治 仲村清司 著・編
2127 ラーメンと愛国——速水健朗
2173 日本人のための日本語文法入門——原沢伊都夫
2200 漢字雑談——高島俊男
2233 ユーミンの罪——酒井順子
2304 アイヌ学入門——瀬川拓郎
2309 クール・ジャパン!? 鴻上尚史
2391 げんきな日本論——橋爪大三郎 大澤真幸
2419 京都のおねだん——大野裕之
2440 山本七平の思想——東谷暁